ちくま新書

靖国問題

高橋哲哉
Takahashi Tetsuya

532

靖国問題【目次】

はじめに

「靖国」という**問題**。

それが、どのような**問題**であるのかを、私たちは本当に知っているのだろうか。

二〇〇一年夏、小泉純一郎首相の最初の靖国神社参拝をきっかけに、「靖国問題」がまた浮上してきた。

しかし、首相の靖国参拝がなぜ問題になるのかをきちんと理解している人は、意外なほど少ない。そもそも、靖国神社とはどのような神社であるのかを知っている人さえ、多いとは言えない。靖国神社がどのようなものであるのかを知らなければ、首相の参拝がなぜ問題になるのかは理解できない。参拝がなぜ問題になるのかを理解できなければ、それに対する自分の意見を持つこともできない。

問題解決の糸口は見えず、靖国神社をめぐる対立はますます泥沼化しているように見える。そんな中で、自分の意見を持ちたい——そう願う読者の一助となることをめざして、本書は書かれる。

私は歴史家ではなく、哲学者の端《はし》くれである。靖国神社がどのようなものであるかを知るためには、その歴史を知らなければならないが、本書の中心テーマはそこにはない。靖国神社の歴史を踏まえながらも、本書では、靖国問題とはどのような問題であるのか、どのような筋道で考えていけばよいのかを**論理的に明らかにする**ことに重点をおきたい。

以下、各章のテーマを大雑把に示しておこう。

第一章の「感情の問題」では、靖国神社が「感情の錬金術」によって戦死の悲哀を幸福に転化していく装置にほかならないこと、戦死者の「追悼」ではなく「顕彰」こそがその本質的役割であること、などを論じる。

第二章の「歴史認識の問題」では、「A級戦犯」分祀《ぶんし》論はたとえそれが実現したとしても、中国や韓国との間の一種の政治決着にしかならないこと、靖国神社に対する歴史認識は戦争責任を超えて植民地主義の問題として捉えられるべきこと、などを論じる。

第三章の「宗教の問題」では、憲法上の政教分離問題の展開を踏まえた上で、靖国信仰と国家神道の確立に「神社非宗教」のカラクリがどのような役割を果たしたのかを検証し、靖国神社の非宗教化は不可能であること、特殊法人化は「神社非宗教」の復活にもつながるきわめて危険な道であること、などを論じる。

第四章の「文化の問題」では、江藤淳の文化論的靖国論を批判的に検証するとともに、文化論的靖国論一般の問題点を明らかにする。

第五章の「国立追悼施設の問題」では、靖国神社の代替施設として議論されている「無宗教の新国立追悼施設」のさまざまなタイプを検討する。「追悼・平和祈念懇」報告書の新追悼施設案がなぜ「第二の靖国」になってしまうのか、不戦の誓いと戦争責任を明示する新追悼施設案はどのような問題を抱えているのか、千鳥ケ淵戦没者墓苑や平和の礎《いしじ》をどう評価するか、などを論じる。

靖国問題は実はきわめて複雑な問題で、少なくとも以上のような側面をきちんと分節化してアプローチしないと、迷路に迷いこんで出られなくなってしまう。泥沼化した現状を突破して、問題解決の地平を見通すためにも、可能なかぎり丁寧に問題を解きほぐしていきたい。

では、さっそく第一章から始めよう。

第一章
感情の問題
――追悼と顕彰のあいだ

靖国神社で御羽車を待つ遺族。1941年10月撮影（毎日新聞社提供）

†激しい遺族感情

靖国問題を難しくしている最大の要因のひとつは、明らかに「感情」の問題にある。とりわけその中心には「遺族感情」の問題がある。

夫が靖国神社に合祀《ごうし》されている岩井益子は、二〇〇二年四月一九日大阪地方裁判所に一通の陳述書を提出した。二〇〇一年八月一三日に小泉純一郎首相が就任以来はじめて行なった靖国神社参拝に対して、日本人・韓国人六三九名の原告が首相参拝の違憲確認・差止め、原告の宗教的人格権の侵害への賠償請求を求めて、大阪地裁に起こした訴訟では、この種の訴訟ではじめて、首相および国に加えて靖国神社も被告となった。これに対して、首相の参拝を支持する人々が民事訴訟法第四二条「裁判補助参加」制度を利用して、靖国神社側の弁明を行なおうとした。岩井益子の陳述書提出もその一環であった。

岩井はその陳述書において、「1・生い立ちと結婚」から語りはじめ、「2・新婚生活の思い出」「3・出征・終戦・戦死通知」「4・夫の散華《さんげ》」（ルビ引用者。以下の引用文についても読みやすさを考慮し、適宜ルビを補った）「5・慰霊の旅」「6・靖国神社と私」と述べてきて、最後の「7・今回の裁判について」で次のように述べている。

さて、今回、首相が靖国神社に昨年八月一三日に参拝されたことを不服とする方々が、全国で裁判を起こされているようです。とりわけ、ここ大阪におきましては、あろう事か、靖国神社までもが被告とされています。私ども遺族といたしましてはこのような原告の方々の主張はとても放っておけるものではありません。私のような靖国の妻をはじめ、ほとんど全ての遺族の怒りと、血涙《けつるい》を絞らしめるものです。

もし、首相が靖国神社に参拝されたことで心が傷つけられると言う方がおられるのならば、靖国の妻といたしましては、靖国神社が国家護持されず、外国の意向に気兼ねして首相の参拝すら思うにまかせず、天皇陛下の御親拝も得られない現状はその何万倍、何億倍の（ママ）心が傷つくことでございます。私にとって夫が生前、戦死すれば必ずそこに祀《まつ》られると信じて死地に赴いたその靖国神社を汚されることは、私自身を汚されることの何億倍の屈辱です。愛する夫のためにも絶対に許すことの出来ない出来事です。**靖国神社を汚すくらいなら私自身を百万回殺してください。たった一言靖国神社を罵倒する言葉を聞くだけで、私自身の身が切り裂かれ、全身の血が逆流してあふれだし、それが見渡す限り、戦士達の血の海となって広がって行くのが見えるようです**（太字による強調は引用者。以下同）。

この陳述書が公判で読み上げられたときには、法廷全体が息を呑んだように静まり返ったともいう。それほど激しい遺族感情の噴出が、ここには見られる。戦後半世紀以上もの間「靖国の妻」のアイデンティティを持ち続けてきた岩井にとっては、「たった一言」でも「靖国神社を罵倒する言葉を聞く」ことは、「私自身の身が切り裂かれ、全身の血が逆流してあふれだし、それが見渡す限り戦士達の血の海となって広がって行くのが見えるよう」な出来事なのだ。

†一様でない感情の対立

読者の中には、これは裁判所に提出するためにあらかじめ計算して書かれた陳述書であって、そこには誇張や潤色《じゅんしょく》があるのではないか、と考える人もいよう。たしかにそういう要素がまったくないとは言えないかもしれない。だが、証言に誇張や潤色が含まれているからといって、その証言がただちに無効となるわけではない、というのは証言を聞く態度の一般原則である。こうした言葉を、エキセントリックすぎる、として単純に切り捨ててしまったのでは、靖国問題をそれにふさわしいレベルで受け止めることはできない。

他方、これほど強い思いを抱き続ける遺族がいるのだから、首相が参拝してその心を慰藉することは必要なのではないか、と考えるのも、もうひとつの性急さにほかならない。

というのは、靖国神社に強い感情的こだわりを持ち続けているのは、決してこの種の遺族だけではないからだ。この裁判で原告となった日本人遺族たちは、首相の参拝によって宗教的人格権が傷つけられたとして損害賠償を求めている。東京訴訟の原告たちは、首相の参拝によってＰＴＳＤ（心的外傷後ストレス障害）が生じたとして、その損害賠償を求めている。首相の参拝によって、深く心を傷つけられた日本人遺族も存在するのだ。

第二に、決定的に重要な問題として、靖国神社がかかわった日本軍の戦争で大きな被害を受けたアジアの人々の「感情」の問題がある。たとえば、同じ大阪地方裁判所に起こされたもうひとつの小泉参拝靖国訴訟。旧日本軍の軍人軍属としてアジア太平洋戦争に動員され戦死した台湾人の遺族ら二三六人が、首相と国、靖国神社を相手取って同様の請求を行なった裁判で、大阪地裁は二〇〇四年五月一三日、この請求を棄却する判決を下した。翌日の毎日新聞には、「不当判決」と涙を流して訴える台湾人原告・高金素梅《ガオチン・スーメイ》の大きな顔写真が掲載された。高金素梅は、日本の植民地統治下で「高砂族《たかさご》」と呼ばれた先住民族の一つ「タイヤル族」の出身で、歌手や女優を経て立法議会議員に転身した人である（民族名はチワス・アリ）。

旧厚生省の統計によると、日本の統治下で台湾人約二〇万七千人が軍人軍属として戦争に徴用され、そのうち約三万人が死亡した。中でも先住民族は「高砂義勇隊」として太平

靖国訴訟大阪地裁一審判決に涙を流す高金素梅（毎日新聞社提供）

洋戦争に動員され、戦死者の中には靖国神社に合祀されている人も少なくない。高金素梅が小泉靖国訴訟原告団に参加したそもそものきっかけは、彼女が知人に偶然見せられた写真に、タイヤル族の勇士の頭を切り落とそうとする旧日本兵が写っていたことだった。そこから、日本による台湾先住民族弾圧――後に述べるように「台湾理蕃」政策と呼ばれた――をはじめて知った高金素梅は、立法議会での議員活動のかたわら歴史を研究し、「祖先は日本軍国主義のために戦場に送られた。靖国神社が高砂義勇隊の犠牲者と加害者である日本の軍人とを一緒に祀っているのはこの上ない屈辱だ」と訴えてきたのである。

私の手元に台北市内で買い求めた一冊の写真集がある。高金素梅編集『無言的幽谷』である。中には、日本軍が「台湾理蕃」――台湾の野蛮人を征伐する――と称して、台湾奥地の峻険な山深く分け入り、先住民を攻撃し、制圧し、勝利を祝うに至る過程を収めた多数の衝撃的な写真が収められている。そして、冒頭には「我是誰！」（私は何者か）と題する高金素梅の序文が、タイヤル族の勇士の頭を切り落とす日本軍兵士の写真とともに掲げられている。彼女はここで、三八歳にして初めてこの恐るべき血塗られた歴史を知って衝撃を受け、歴史研究に入っていったプロセスを述べた上で、その時の衝撃について次のように書いている。**「見よ、見よ、私の皮膚には鳥肌が立ちはじめ、私の目からは涙があふれ出し、熱い血がこみ上げてきて脳天を直撃した。私はついに、自分がいったい誰なのかをはっきり知ったのである」**。

日本の首相が行なう靖国神社参拝に対して、中国・韓国等アジア諸国の政府やメディアから発せられる抗議の背後には、日本の植民地支配や侵略戦争の犠牲となった戦死者の遺族やその子孫にあたる人々のこのような怒りや哀しみ、すなわち「感情」の膨大な存在があることを想起しなければならないだろう。日本の側に「遺族感情」や「国民感情」があるならば、アジア諸国の側にも――仮に感情の量を比べることができるとしたら、おそらくはその何倍にもあたる――「遺族感情」や「国民感情」がある。

岩井益子は言う。「たった一言靖国神社を罵倒する言葉を聞くだけで、私自身の身が切り裂かれ、全身の血が逆流してあふれだし、それが見渡す限り戦士達の血の海となって広がって行くのが見えるようです」。

しかし、アジアの遺族も叫ぶだろう。「日本の首相が靖国神社を参拝したと聞くだけで、私自身の身が切り裂かれ、全身の血が逆流してあふれだし、それが見渡す限り日本軍の犠牲となった家族・同胞たちの血の海となって広がって行くのが見えるようです」。

靖国問題をめぐっては、さまざまな感情が入り乱れて存在している。遺族の感情ですら決して一様ではなく多様である。日本側の遺族感情とアジアの人々の遺族感情が、それぞれ一枚岩としてあって単純に対立しているわけではない。日本側にも、靖国参拝違憲訴訟の原告団に参加している多数の遺族をはじめ、「反靖国」の遺族が存在するし、たとえば台湾のタイヤル族の中にも、高金素梅とはまったく逆に、靖国参拝違憲訴訟で靖国神社を支持する「補助参加者」の一員となった陳美玲らの例もある。これらの「遺族感情」の多様性を踏まえた上で、靖国問題の根底にあるのは、戦死した家族が靖国神社に合祀されるのを**喜び肯定する**遺族感情と、それを**悲しみ拒否する**遺族感情とのあいだの深刻な断絶であり、またそれぞれの側に共感する人々のあいだに存在する感情的断絶であるとも言えるだろう。私たちに必要とされるのは、これらの感情の存在を直視し、それらが何に由来するのかを可能なかぎり「理解」した上で、靖国問題について自らの判断を形成することである。

†靖国と「血」のイメージ

ところで、「血涙を絞らしめる」とか、「全身の血が逆流してあふれだし」とか、「血」のイメージによって過剰な印象を与える岩井益子の陳述書だが、しかしその「戦士達の血の海」という表現には、靖国問題を考えるさいに不可欠の想像力を喚起してくれる要素がある。「護国の神」や「英霊」や「散華」といった顕彰《けんしょう》の言葉、「戦後日本の繁栄の礎となった尊い犠牲者」といった儀式の言葉、また大相撲の興行や庶民のお祭りの場となったなど靖国神社の芸能・文化的側面に注目する最近の靖国論などによって、靖国神社の背後にはそこに合祀された約二五〇万の戦死者の「血の海」が存在したのだということ、そして、これらの人々を含む数百万の日本軍将兵がつくり出してしまった数千万のアジアの死傷者たちの「血の海」が存在したのだということが、とかく忘れられがちなのである。

岩井益子の陳述書と『無言的幽谷』の高金素梅による序文とに、どちらも「血」のイメージが登場するのは決して偶然ではない。日本軍の戦争がもたらしたおびただしい人々の「血の海」ぬきに、靖国神社や靖国問題を論じることはできないのだ。太平洋戦争中の一九四四年四月一一日、日本基督《キリスト》教団発行の「日本基督教新報」に掲載された「靖国の英霊」の論説には、こう書かれている。

南海の涯《はて》に、大陸の奥に大君に命を捧げ奉った忠誠勇武の英霊二万五千を迎え祀る招魂《しょうこん》の儀に、帝都は今厳粛の気をみなぎらしている。

［中略］

戦はいよいよ深酷《ママ》化し、決戦につぐ決戦ときびしい戦いは展開される今日、国民の生活は捧げられた血によって護られているのである。感激何によって応《こた》うべきかを知らない。

この血の尊さは英霊を神と祀る日本の伝統のみがよく知る所である。国に捧げられた血を尊しとする精神は他国にもあるであろう。記念碑を造り、道行く人は帽をとって敬虔に誠を捧げるであろう。然《しか》しこの血に最高の意義を見、祭神と讃える精神は、我が日本をおいて外にはない。

これは国民のうちに、こうした血に高く深い意味を見出し得る国民性の優秀性を示していると同時に、否寧《むし》ろ尊い血を捧ぐる人々の尊い心ばえが、戦場に於て他国人の知らぬ高さにまで昂揚して、国民をして跪拝《きはい》せしめずんば止まぬ尊さを現しているからである。

靖国神社の絶頂期に、靖国信仰、靖国思想は、「我が日本をおいて外にはない」「血に最高の意義を見、祭神と讃える精神」にもなぞらえられていた。靖国神社と「血」のイメージを切り離すことはできないのだ。

†感涙座談会

岩井益子の陳述書には、戦後半世紀以上を経た「靖国の妻」の中にいまなお残る激しい「遺族感情」の表現がある。ところで、このような遺族感情はもともとどのようにして形成されたのだろうか。戦前・戦中、靖国神社が絶頂期にあった時代に、人々の靖国信仰・靖国思想のありかたは、どのような表現を持っていたのだろうか。

この問題を考える際に、私がいつも思い浮かべるのは、雑誌『主婦の友』一九三九年六月号に掲載された、「母一人子一人の愛児を御国に捧げた誉《ほま》れの母の感涙座談会」という記事である。一九三七年の盧溝橋《ろこうきょう》事件で開始された日中全面戦争。その初期に戦死した将兵たちを合祀する靖国神社臨時大祭が行なわれた際に、北陸からはるばる上京してそれに参列した遺族の老婆たちの会話の記録である。

森川　七つの年から、一人で育てなはったのどすかえ。

村井　はい、百姓をしてそのあい間あい間に、一生懸命に笠を作ったりござをこしらえたりして、男の子だで商業二年まではやらんならんと気張ってやってきました。どうせお粗末な育て方でありますけど、どうぞ女親が育てたからとうしろ指をさされんようにと思いましてな。力んでやりましたに。

斎藤　うちの兄貴は、動員がかかってきたら、お天子様へ命をお上げ申しとうて申しとうてね、早う早うと思うとりましたね。今度は望みがかなって名誉のお戦死をさしてもらいましてね。

森川　あの白い御輿が、靖国神社へ入りなはった晩な、ありがとうて、ありがとうてたまりませなんだ。間に合わん子をなあ、こないに間にあわしとてつかあさってなあ、結構でございます。

村井　お天子様のおかげだわな、もったいないことでございます。

中村　みな泣きましたわいな。

高井　よろこび涙だわね、泣くということは、うれしゅうても泣くんだしな。

中村　私らがような者に、陛下に使ってもらえる子を持たしていただいてな、ほんとうにありがたいことでござりますわいな。

まあ、ラッパが鳴りますなあ、兵隊さんやろか、あのお羽車のとき鳴ったラッパの音は、もうなんともかんともいえませなんだ、ありがとうて、ありがとうて。

森川　なんともいえんいい音でしたなあ。あんな結構な御輿に入れていただいて、うちの子はほんとうにしあわせ者だ、つねでは、ああいう風に祀ってもらえません。

斎藤　お天子様までお詣りしてくださいやんしたね。拝ましてもらいました。

中村　ほんとに、ようよう拝ましてもらいましたあんばいでな。もったいないこと。

斎藤　自分は戦争がはじまってから、心の中で始終思っておりやんしたに。われらが可愛いために、お天子様が麦ままのごはんを食べなさってえ、ご苦労をしてくださるちって聞いておりやんしたでな。どうぞどうぞしてご恩返しを申さにゃならんと思っておりましたで、お天子様を拝んだときにゃ、自分は涙がこぼれて仕方がなかったんやに。靖国さまへお詣りできて、お天子様を拝ましてもろうて、自分はもう、何も思い残すことはありません。今日が日に死んでも満足ですね、笑って死ねます。こんな次第でございましてな。

中村　また今日は新宿御苑ちゅうところを見せていただきましたなあ、何ともいえんありがたい。息子を結構に祀っていただいて。立派なところを見せていただいて……。

斎藤　お花がたくさん咲いてな。どこまでいっても広い広いお庭で、極楽ちゅうところと同じだ。
高井　息子も冥土からよろこんでくりょうぞ。死に方がよかっただ。泣いた顔など見せちゃ、天子様に申しわけがねえ。みんなお国のためだがね、おら、そう思って、ほんとにいつも元気だがね。
中村　ほんとうになあ、もう子供は帰らんと思や、さびしくなって仕方がないが、お国のために死んで、天子様にほめていただいとると思うと、何もかも忘れるほどうれしゅうて元気が出ますあんばいどすわいな。
森川　間に合わん子を、よう間に合わしてつかあさって、お礼を申します。

これは、『日本浪曼派批判序説』などで知られる橋川文三（一九二二―八三）が「靖国思想の成立と変容」（『中央公論』一九七四年一〇月号）の冒頭に引用し、「私はこれほどにみごとな靖国信仰の表現をあまり読んだことがありません」と評した部分である。

橋川はここに、「なにか古代原始の妖気をさえたたえた表現」を見、「働きざかりの息子たちを戦争で失ったこれらの老婆たちのこの哀切な浄福感の表現を読んでゆくと、私はまるでこの世のものと思われないような不思議な戦慄を覚えます」と述べている。そして、「ぐちもめめしさも全くあらわれないこの語り口」を彼が「愛惜《あいせき》する」のは、彼が幼いころから知っている、浄土真宗の信仰に育てられた女性たち、すなわち「どんなこの世の忍苦にもぐちをこぼさず、いつもひかえめに生きてい」るが、「そのしんの強さはまさに有髯男子をして瞠若《どうじゃく》せしめるほどのものがあ」るような女性たちを連想するからだ、というのである。

　日中戦争から太平洋戦争に至る時期、靖国神社では数千から万の単位で大量の戦死者を合祀する臨時大祭が繰り返された。その際、北は樺太から西は満州、南は沖縄・台湾から遺族が選ばれて国費で東京に招かれ、戦死者を「神」として合祀する臨時大祭に列席した。それらの遺族が両側を埋め尽くす靖国の参道を霊璽簿《れいじぼ》（戦死者の名簿）を載せた御羽車が神官たちに担がれて本殿に移動し、祭主としての天皇が同じ道を通って参拝した。遺族たちは招魂の儀に列席するだけでなく、新宿御苑、宮城（皇居）、上野動物園など東京名所の見物もさせてもらい、記念写真に収まって、名誉の遺族として地元に帰っていったのである。

　これらの人々は、戦争がなければ、生まれてから死ぬまで一生の間、地元から出ることがなかったかもしれない底辺の民衆である。そうした人々が、息子や家族が戦死したために国費で東京に招かれ、「誉れの遺族」として讃えられ、その上「お天子様」天皇を間近にすることさえできたのである。雑誌に公けになることが前提の座談会であったとはいえ、その参加者の語り口が「浄福感」に満たされたものになったとしても、必ずしも不思議ではないだろう。

「老婆」たちが口々に語る「ありがたい」「もったいない」という心情は、単なる建前とは思えないリアリティをたたえている。斎藤が言う。「靖国さまへお詣りできて、お天子様を拝ましてもろうて、**自分はもう、何も思い残すことはありません。今日が日に死んでも満足ですね**、笑って死ねます」。中村が言う。「お国のために死んで、天子様にほめていただいとると思うと、**何もかも忘れるほどうれしゅうて元気が出ます**あんばいどすわな」。これらの言葉には、天皇の神社・靖国がその絶頂期に果たした精神的機能、すなわち、単に男たちを「護国の英霊」たるべく動機づけるだけでなく、「靖国の妻」、「靖国の母」、「靖国の遺児」など女性や子どもたちも含めた、「国民」の生と死の意味そのものを吸収しつくす機能が典型的に表現されている。

†折口信夫が見た招魂祭

橋川がこの「誉れの母たち」に感じたある種の「なつかしさ」に似たものは、この「感涙座談会」の四年後、太平洋戦争開戦後の一九四三年に折口信夫が書いた「招魂の御儀を拝して」(『藝能』一九四三年七月号)にも記されている。靖国神社の招魂式に初めて出席したという折口は、「この御式に連《つら》なられた、遺族の方々の感激は非常であつただろうと想像」しつつ、次のように書いている。

私は、さう言ふ方々の莚《むしろ》の上にゐられるあたりを、まだ薄明りの中に、あちこち歩いて見ました。さうして到る処《ところ》に、吾々が旅行して、野山の長い道を歩いて居る、さう言ふ時に、磯ばたで出会ふ人々、或は山の崖道で行きあふ人々、ある時は、畑の中で出くはす、さう言ふ風な、姿や顔の方を見かけました。さう言ふ郷土の気持ちのままの方々を見まして、実になつかしく思ひました。語をかけて、遠路わざわざいらつしやつた事を犒《ねぎら》ひたいと言う気のするのをおさへることが出来かねるほどで、誠に何とも申されぬ、しめやかな気持ちで、御祭りの初まるのを待つてをりました。

［中略］

で、ほのぼのとした月の出近い明りに、空はもうしろじろとして居りましたけれど、地上はまだ暗い。其処に何万とも知れぬ人々が、非常に敬虔な、亦同時に深い懐かしいものの感じられる気持ちで居られる。其中を、ほの暗い明りの中、まるで、波の上に泛《うか》ぶやうに、しらじらとした神主・神人の手で昇ぎ上げられて居る訣でございませう。国々の古い社の祭りの夜の御神幸を思ひ泛べさせるやうに、しづしづと、又何かかう、空を――、地上から僅かに上つた空を、ふはふは飛んでも行かれるやうに湃《はひ》せられる所、御羽車、及び御羽車に従ふ人々の列が、その敬虔な懐しみの充《み》ちた人々の前にさしかかられました。

折口は、この「敬虔さ」と「懐しさ」の入り混じった空気の中で、ふと、「旅の道で出あふことのあるやうなお年寄りの、女の方」の後姿を認め、そこに、「殆《ほとんど》何も思はずに、無心に子供のやうな気持ちで、その御羽車の動いて行かれる様子を見つめて居られる」姿を見る。そしてこの「お年寄りの、女の方」の後姿の中に、「深い人生の思ひ」と「国民」としての「日本人の底知れぬ強さ」を見出すのである。

私どもの心持ちとしては――、日本国民の心持ちとしますれば、此程嬉しくなくてはならぬ程、喜ばなければならぬ時は、ございません。併《しか》し、尚考へますと、今こそ、人間として永久の別れでございます。

［中略］

此神々は永遠に生きながらへて行かれるけれども、私どもは此まま消えて行くのだ、と言ふ嬉しさと、同時に、**深い人生の思ひ**に触れて居られることだらうと思ひます。

此こそ、国民として、**魂の底に徹するやうな深い感激**であると私は思ひます。かう言ふ深い精神から、日本人の底知れぬ強さが出てまゐるのです。

折口信夫の文学的記述によって昇華された招魂祭、すなわち靖国神社臨時大祭の「感激」には、いささかのほころびも見られない。折口の言う「遠国から今日の御儀にあひに来られた方々、永遠の神への別れをして来られた方々の、その澄み切った心」には、一点の曇りも見られない。少なくとも、その**ように見える**のだ。靖国問題を「感情」の面から考えるとき、この点は決して無視できない。

†靖国神社が人々に与えたもの

靖国神社は、大日本帝国の軍国主義の支柱であった。たしかにそうなのだが、この問題のポイントの一つは、靖国信仰がかつての日本人を「軍国主義者」にしたかどうかというレベルにおいてだけではなく、より深層において、当時の日本人の**生と死そのものの意味を吸収し尽くす機能**を持っていた点にあるのではないか、と私は思う。

「お国のために死ぬこと」や「お天子様のために」息子や夫を捧げることを、聖なる行為と信じさせることによって、靖国信仰は当時の日本人の生と死の全体に**最終的な意味づけ**

を提供した。人々の生と死に最終的な意味づけを与えようとするものを「宗教」と呼ぶならば、靖国信仰はまさしくそのような意味での「宗教」であり、「国家神道」という概念の内実をどのように規定しようと、それは「お天子様」すなわち「お国」を神とする宗教であって、**天皇その人にほかならないとされた国家を神とする宗教**であった。天皇その人にほかならない国家を神とする宗教だったからこそ、そのために戦死した者が「神」とされたのである。

この事情は、つとに一九一一年、河上肇《はじめ》が「日本独特の国家主義」(『中央公論』第三号)で分析したところと本質的に変わらない。日露戦争に勝利し、「韓国併合」を行なった日本で、国家主義が台頭するのを見た河上は、一九三〇年代以降に登場する超国家主義(ウルトラ・ナショナリズム)のはるか以前に、日本の国家主義が「国家教」という宗教であることを喝破していた。

日本は神国なり。国は即ち神なりということ。これ日本人一般の信仰なり。この信仰は明白に意識されおらずとするも、理を推して行かば一般日本人の必ず首肯《しゅこう》する所たるべし。

日本人の神は国家なり。而して天皇はこの神たる国体を代表し給《たま》う所の者にて、いわば抽象的なる国家神を具体的にしたる者がわが国の天皇なり。故に日本人の信仰よりすれば、皇位は即ち神位なり、天皇は即ち神人なり。

特に注目したいのは、日清・日露の戦争の戦死者に対する日本人の態度と靖国神社に対する言及である。

現代の日本人に甚しき宗教的煩悶《はんもん》なきは（今は恐るべき動揺の時代にして宗教的煩悶の正に大いに起るべき時代たるにかかわらず）、その最大多数のものが皆な国家教の確き信者たればなり。彼らにとりては、人生の目的は即ち国家にあり。彼らは国家のために生き、国家のために死するを以て理想となす。されば日清日露の二大戦役において、壮丁の死する者算なかりしといえども、われら日本人はこれがために懐疑煩悶に陥りたることなく、また陥るを得ざるなり。

［中略］

既に国家主義は日本人の宗教たり。故に看よ、この国家主義に殉じたる者は死後皆な神として祀らるることを。靖国神社はその一なり。而して余が郷の先輩、吉田松陰先生もまたこの故に神と崇められ、伊藤博文公もまたまさに神と祀られんとしつつあり。

日清・日露の戦争で勝利し、植民地帝国となって「列強」の仲間入りをしたとはいえ、その過程で膨大な数の「壮丁」が戦死した。にもかかわらず、多くの日本人が戦争と国家への「懐疑煩悶」に陥らず、また陥ることができないのは、日本人がすでに「国家教」の信者だからである。また、だからこそ「国家教」への「殉教者」が死後みな「神」として**祀られる靖国神社**が存在するのだ、というのである。

日清・日露戦争の戦場となった朝鮮の死者たち、敵国であった清やロシアの死者たちはもとより、自国民からも未曾有の数の戦死者が出たにもかかわらず、国家への「懐疑煩悶」は起こらない。「国家のために生き、国家のために死するを以て理想となす」日本人の国家教は、ほぼ一世代を経た後の「母一人子一人の愛児を御国に捧げた誉れの母の感涙座談会」や、「招魂の御儀を拝して」の世界につながっている。

†抑圧される悲哀感情

イデオロギー批判としては、「感涙座談会」や「招魂の御儀を拝して」の世界に、あの

「戦士達の血の海」や、アジアの被害者たちの「血の海」を対置すれば十分なように思える。「感涙座談会」の「まるでこの世のものと思われないような」「浄福感」や、「招魂の御儀を拝して」の「魂の底に徹するやうな深い感激」の世界からは、日本軍の戦争がもたらした「血の海」のイメージが完全に抹消されている。まさにそれが「昇華」の意味である。**戦争のおぞましいもの、悲惨なもの、腐ったものすべてが一切拭《ぬぐ》い去られ、土着的な「懐かしさ」をともなった独特の「崇高」（サブライム）のイメージが作り出されているのである。**

先に述べたように、私はこれらの表現、とりわけ「感涙座談会」の「老婆」たちの語りが、当時の人々の真実な感情を含んでいないとは思わない。それらはたしかに多かれ少なかれ真実な感情表現なのだが、しかし同時に虚偽なのだ。真実でありながら虚偽なのだ。なぜ虚偽かといえば、それらが戦争の現実に――戦場の戦死の現実に――触れていないからだけでなく、何よりも戦死に対する「懐疑煩悶」を、そして悲哀の感情を抑圧もしくは無視しているからである。橋川文三は「ぐちもめめしさも全くあらわれない」「老婆」たちの語り口を「愛惜」していた。しかし、本当にそうなのか。

たとえば、引用部分の最後のほうで中村はこう言っている。「**ほんとうになあ、もう子供は帰らんと思やさびしくなって仕方がないが、**お国のために死んで天子様にほめていただいとると思うと、何もかも忘れるほどうれしゅうて元気が出ますあんばいどすわな」。橋川が引用しているこの箇所の中でも、中村は「もう子供は帰らんと思」うと「さびしくなって仕方がない」と語っている。そう語るやいなや、「お国のために死んで天子様にほめていただいとると思うと、何もかも忘れるほどうれしゅうて……」と抑圧が働く。悲哀の感情が頭をもたげるが、ただちにそれは「お国のため」の死、「天子様」のための死を喜ぶ感情によっておしやられてしまうのである。

この座談会の橋川が引用しなかった部分には、よりはっきりとこの動揺が表れている。

森川　もうあの子は死んだと思うとりますが、それでも元気な兵隊さんを見ると、ああ、ああやってどこぞに生きているのかな、と、かう思ひましてな。私一人なものやさかい、つい愚痴のことばかり申してな。晩方なんかになりますとなあ、恥ずかしいことではございますけれど、親心でなあ、可哀いなあ可哀いなあ、と思ひます。そんなことを思ったすぐ後でな、ぢきにな、ああ、名誉なことや名誉なことやと思ひます。それでな、なんとも知れん笑顔が出ます。

「ぐちもめめしさも全くあらわれない」のではない。橋川がこの「愚痴」を引用しなかったにすぎない。

高井　親といふものはな、後へ退いたとか退かんとか、世間のいろいろな話を聞くと、うちの子に、万が一そんなことが起ってはいかんと思ふでな。

［中略］

征《い》くときにとは、「後へ戻ったら承知しねえぞッ」と言っても、心ではやっぱり可哀そで、どうしても死なせたうないわな。それだがおめえ、うちの子は天子様に差し上げた子でねえだか。どうしておめえ後へなんど引っ込ましておけるもんけ。おれ等がやうなつまらん者の子を、天子様に使って頂くでねえか。

この高井の発言には、戦死したひとり息子を**「やっぱり可哀そ」**と思う「親心」が率直に表れている。戦死したひとり息子をあきらめきれない**「喪」＝悲哀の感情**が表われている。

それらはたしかに、語り出されるやいなや心理的に抑圧され、「名誉」の感情、「天子様に差し上げた子」を「天子様に使って頂く」という感情にとって代わられるのだけれども、少なくともここには、遺族における悲哀と名誉の感情の**葛藤**が確認できるのである。

戦争で家族を失った遺族の最も自然な感情は悲しみであろう。家族の死は、ただの人間として感じるかぎり悲しいものでしかありえない（もちろん家族であっても、憎しみ合っていたなど特殊なケースの場合は別である）。とりわけ、その死が天寿をまっとうしないいわゆる「非業の死」であった場合、しかも、人と人との殺し合いにほかならない戦争による死であった場合には、悲しさ、むなしさ、わりきれなさが、より強くなるのが普通であろう。

精神分析では、多かれ少なかれ愛着を持っていた対象が突然失われた場合、人が持つ感情を「喪失の悲しみ」という意味で「喪＝悲哀」の感情と呼ぶ。家族が戦死した場合、遺族は「喪＝悲哀」の状態に陥るが、それはたった今引用した「誉れの母」森川が、「もうあの子は死んだと思うとりますが、それでも元気な兵隊さんを見ると、ああ、ああやってどこぞに生きているのかな、と、かう思ひましてな」と述べているように、愛着の対象であった家族の戦死という現実をただちには受け入れられない状態にほかならない。遺族はそのとき、愛着の対象だった家族が——この場合にはひとり息子が——なぜ戦死しなければならなかったのか、喪失の悲しみ、むなしさ、わりきれなさを埋めることができる意味づけを求めるであろう。なぜ、家族が——ひとり息子が——戦死しなければならなかったのか。その現実を納得させてくれる意味づけが与えられれば、遺族はひたすら悲しく、むなしく、わりきれないだけの苦境から脱出し、立ち直ることができるであろう。

そこに提供されるのが、「お国のための名誉の戦死」、「陛下に使ってもらえる子を持たしていただい」た「誉れの母」という意味づけである。当時の日本で「お国」と呼ばれる絶対者、「お天子様」と呼ばれる絶対者が提供する意味づけほど強力な意味づけはなかった。河上肇が日本の「国家教」と呼んだものは、日本人の戦死の意味を、ひいては「お国のために」自らを捧げるすべての日本人の生と死の意味を、国家という神＝絶対者が保証する体制にほかならなかったと言える。

†「戦死者と遺族に栄誉を！」

では、なぜ国家は、そのような意味づけを提供するのだろうか。もとより、国家は「善意」で遺族の苦しみを慰藉しようとするわけではない。そこには国家としての冷徹な計算が働いている。

国家はなぜ、国民の戦死を「名誉の戦死」として顕彰し、その遺族を感涙にむせばせる意味を提供しようとするのだろうか。

この問いに対する答えを、私は、日清戦争直後の一八九五年一一月一四日に「時事新報」に掲載された論説「戦死者の大祭典を挙行す可し」の中に見出せると考える。「時事新報」は、福沢諭吉が創設し社主を務めていた新聞である。「戦死者の大祭典を挙行す可し」は、従来『福澤諭吉全集』の「時事新報論集」に収められ、福沢諭吉の著作と考えられてきた。だが「時事新報論集」の論説文については、とくに一八九〇年代のものを中心に福沢自身の真筆かどうかの議論が起きているので、ここではそれが福沢の著作であるかどうかにはこだわらない。近代日本を代表する啓蒙思想家、福沢諭吉が主宰する「時事新報」の論説文であったというだけで十分に象徴的な意味をもつ。その「戦死者の大祭典を挙行す可し」は、次のように書き出されている。

九月二九日までの報告に拠れば、日清役並に台湾戦争に於て我軍人の戦死せし者八百五十一人、傷死二百三十三人、病死五千三百八十五人、合計六千四百六十九人にして、其後の死者も少なからざることならん。

日清戦争は、近代日本国家はじまって以来の一大対外戦争であった。では「台湾戦争」とは何か。日清戦争に勝利した日本は清と下関条約を結び、台湾を植民地として割譲させることに成功した。しかし、台湾がただちに平和裡に日本の統治下に入ったかといえば、まったくそうではなかった。日本の支配下に入ることに対する台湾人の抵抗がきわめて激しかったので、それを制圧するために日本軍が投入され、一応の制圧には成功したものの、その戦争の過程で台湾側にはもとより日本側にも多数の戦死者を出したのである。

この「台湾戦争」は、現在の靖国神社の「戦役事変別合祀祭神数」でも、いまなお「台湾征討」と、すなわち、まつろわぬ台湾を征伐する正義の戦争として日清戦争と区別して挙げられている。二〇〇四年一〇月一七日現在の「戦役事変別合祀祭神数」によれば、日清戦争の合祀者一万三六一九柱、「台湾征討」一一三〇柱、合計一万四七四九柱であるから、「時事新報」にこの論説が出た時点では、まだその半分以下しか判明していなかったことになる。では、この論説は、この「少なからざる戦死者」について何を問題にするのか。

日清戦争と「台湾戦争」から生きて帰ってきた将兵は、最高の名誉を与えられており、国民に感謝されているのみならず、爵位勲章を授けられ、報奨金まで受けている。これに対して、戦死者は爵位勲章や報奨金を受ける術もなく、国民に歓迎される由もなく、凱旋《がいせん》将兵のような光栄に浴することができない。そしてその遺族もまた、多少の扶助料などを与えられて細々と生計を立ててはいるが、手柄を立てて無事に帰ることを祈った「父兄」はすでになく、その「戦友」たちの栄光を横目で見ながら、涙を流すのみである。凱旋将兵には最高の名誉と栄光が与えられているのに対し、戦死者とその遺族には名誉も栄光もなく、社会から忘れ去られようとしている。これはおかしい。このままではいけない。戦死者とその遺族にも可能なかぎりの名誉と栄光を与えなければならない、と論説文は主張する。

なぜか。そもそも命を捨てて戦った戦死者が、凱旋した将兵よりも国家への貢献において劣っていたということはできない。だがそれだけでなく、なぜ戦死者とその遺族に最高の名誉と栄光を与えなければいけないかといえば、最大の理由は次の点にある。

特に東洋の形勢は日に切迫して、何時如何なる変を生ずるやも測る可《べ》からず。万一不幸にして再び干戈《かんか》の動くを見るに至らば、何者に依頼して国を衛《まも》る可きか。矢張り夫の勇往無前、死を視る帰るが如き精神に依らざる可らざることなれば、益々此精神を養ふこそ護国の要務にして、之を養ふには及ぶ限りの光栄を戦死者並に其遺族に与へて、以《もっ》て戦場に斃《たお》るるの幸福なるを感ぜしめざる可らず。

つまり、日清戦争には勝利したものの、東アジアの情勢は緊迫していて、いつまた戦争になるかもしれない。戦争になったら、何に依拠して国を護るべきなのか。それはまさしく死を恐れずに戦う兵士の精神にほかならず、したがって、その精神を養うことこそ国を護る要諦である。そしてそれを養うためには、可能なかぎりの栄光を戦死者とその遺族に与えて、**「戦場に斃るるの幸福なるを感ぜしめざる可らず」**、すなわち、戦死することが幸福であると感じさせるようにしなければならない、というのだ。

ここには、国家が戦死者に対して、「国のために死んだ名誉の死者」としてなぜ最大の栄誉を与えるのかについての、最も重要と思われる説明が見いだされる。家族を失って悲嘆の涙にくれる戦死者を放置していたのでは、次の戦争で国家のために命を捨てても戦う兵士の精神を調達することはできない。戦死者とその遺族に最大の国家的栄誉を与えることによってこそ、自ら国のための「名誉の戦死」を遂げようとする兵士たちを動員することができるのだ。

では、戦死者とその遺族に最大の栄誉を与える方策は何か。

先般来、各地方に於ては戦死者の招魂祭を営みたれども、以て足れりとす可らず。更に一歩を進めて地を帝国の中心なる東京に卜《ぼく》して此に祭壇を築き、全国戦死者の遺族を招待して臨場の栄を得せしめ、恐れ多きことながら大元帥陛下自から祭主と為らせ給ひ、文武百官を率ゐて場に臨ませられ、死者の勲功を賞し其英魂を慰するの勅語を下し賜はんこと、我輩の大に願ふ所なり。

日清戦争と「台湾戦争」の後で、各地方で戦死者の招魂祭が営まれていたが、それでは不十分である。帝国の首都東京に全国戦死者の遺族を招待して、明治天皇自らが祭主となって死者の功績を褒め讃え、その魂を顕彰する勅語を下すことこそ、戦死者とその遺族に最大の栄誉を与えること、そして国民に「戦場に斃るるの幸福なるを感ぜしめ」ることになるのだ。

さらに、こう続く。

過般佐倉の兵営に於て招魂祭を行ひしとき、招かれし遺族中一人の老翁あり。親一人子一人の身なりしに、其一子が不幸にも戦死したりとて初めは只泣く許《ばか》りなりしが、此盛典に列するの栄に感じ、一子を失ふも惜しむに足らずとて、後には大に満足して帰れりと云ふ。いま若《も》し大元帥陛下自ら祭主と為せ給ひて非常の祭典を挙げ賜はんか、死者は地下に天恩の難有《ありがたき》を謝し奉り、遺族は光栄に感泣して父兄の戦死を喜び、一般国民は万一事あらば君国の為に死せんことを冀《こひねが》ふなる可し。多少の費用は惜しむに足らず。くれぐれも此盛典あらんことを希望するなり。

戦死者を顕彰する国家の論理を、これ以上わかりやすく説明することはおそらくできないだろう。佐倉の兵営で行なわれた招魂祭に招かれた一人の老人が、戦争で一人息子を失ったとして最初はただ泣いてばかりいたのだが、招魂祭で「名誉の戦死」を讃えられたのに感激し、帰るさいには、一人息子を死なせたのも惜しむに足りないと言って大いに満足して帰っていった、というのだ。

†感情の錬金術

先に、戦死者を出した遺族の感情は、ただの人間としてのかぎりでは悲しみでしかありえないだろう、と述べた。ところが、その悲しみが国家的儀式を経ることによって、一転して喜びに転化してしまうのだ。**悲しみから喜びへ。不幸から幸福へ。**まるで錬金術によるかのように、「遺族感情」が**一八〇度逆のものに変わってしまう**のである。

帝国陸海軍の最高司令官、「大元帥」明治天皇自らが祭主となって臨時大祭を挙げるなら、戦死者は黄泉《よみ》の国で天皇の恩がいかにありがたいかを感謝するだろう、と記者はいう。黄泉の国のことはもとより何とも言えないが、この言葉は少なくとも遺族を慰藉し、一般国民に「お天子様」のありがたさ、もったいなさを感じさせる効果を持つだろう。

決定的に重要なのは、遺族が感涙にむせんで家族の戦死を喜ぶようになり、それに共感した一般国民は、戦争となれば天皇と国家のために死ぬことを自ら希望するようになるだろう、という点である。遺族の不満をなだめ、家族を戦争に動員した国家に間違っても不満の矛先が向かないようにしなければならないし、何よりも、**戦死者が顕彰され、遺族がそれを喜ぶことによって、他の国民が自ら進んで国家のために命を捧げようと希望することになることが**必要なのだ。「多少の費用は惜しむに足らず」。すなわち、莫大な国費を投入しても、全国各地から遺族を東京に招待し、「お国」と「お天子様」とがいかにありがたい存在であるかを知らしめ、最高の「感激」を持って地元に帰るようにしなければならない。

これこそ、靖国信仰を成立させる**「感情の錬金術」**にほかならない。

確認しておけば、論説文の記者はこの文中で「靖国神社」という語を一度も使用していない。ただ、「地を帝国の中心なる東京にトして此に祭壇を築き」と言っているにとどまる。靖国神社は一八六九年に東京招魂社として創建され、一〇年後の一八七九年に靖国神社と社号を改称し、別格官幣社となった。その間、一八七四年の「台湾出兵」から海外派兵における戦死者の合祀を開始し、日清戦争に至ったのだが、この時点ではまだ靖国信仰のシステムが確立されていたとはいえなかった。

ところが、この「戦死者の大祭典を挙行す可し」が発表されて約一カ月後の一八九五年一二月一五日、大寺安純陸軍少将以下一五〇〇名の招魂式が挙行され、まるで「時事新報」の主張に応えるかのように、一二月一六日からは三日間にわたって日清戦争の臨時大祭が行なわれた。そして、その初日には勅使の差遣があり、二日目には「大元帥」明治天皇自らが靖国神社に参拝したのである。「時事新報」はこれを受けて、新たに「死者に厚くす可し」を発表した。その最後の部分にはこうある。

今度死者の為に催ほしたる靖国神社の臨時祭には、辱《かたじけ》なくも天皇陛下の御親臨さへありて、礼祭甚だ盛に、合祀者にして知るあらば地下に感泣したることならんと雖《いへど》も、遺族の有様と一般の感情とを察すれば、決して此侭に止む可きに非ず。大に遺族のものに給与して死者の功労に酬ひんこと我輩の切望に堪へざる所なり。

こうして靖国神社は、次第にその権威を高め、日露戦争後には日本の戦没者祭祀の中心施設として決定的地位を確立していく。河上肇が日本の「国家教」の施設として靖国神社を挙げたのは、まさにその時期のことであった。

†「聖戦」・「英霊」・「顕彰」

大日本帝国が天皇の神社・靖国を特権化し、その祭祀によって軍人軍属の戦死者を「英霊」として顕彰し続けたのは、それによって遺族の不満をなだめ、その不満の矛先が決して国家へと向かうことのないようにすると同時に、何よりも軍人軍属の戦死者に最高の栄誉を付与することによって、「君国のために死すること」を願って彼らに続く兵士たちを調達するためであった。そしてその際、戦死者であれば一兵卒でも「おまいりして」くださる、「ほめて」くださるという「お天子様」の「ありがたさ」、「もったいなさ」が絶大な威力を発揮した。

靖国神社ではないが、この「感情の錬金術」のカラクリを証言する資料をもう一つ見ておこう。「戦死者の大祭典を挙行す可し」から一〇年余りさかのぼる一八八三年、西南戦争の政府軍死者を祀る「明治紀念標」が大阪中之島に建設され、浄土真宗大谷派の法主が神官や仏教他宗派と並んで儀式を行なったさいの記事である。

人に依ては其物に触れて感動するところの各異るものにて、此間明治紀念標祭典の日参拝に出かけしもののうちには、本願寺法主の標前に参拝し法会を執行せらるるを見て随喜の涙を滴しつついへるには、此に祭らるる人の父兄妻子たる人々の身に取り当座のほどはさぞかし悲しく傷しくありたらんなれど、今日となりては全く戦場に死なれたればこそ、吾々が其のお姿を拝むさへ勿体ないとおもふばかりの有たい此御門跡様にまでも敬礼せらるるなれとて、深く死者の栄を羨《うらや》み、今まで吾子を徴兵に出すことを蛇蝎《だかつ》の如くに忌嫌ひしものが急に変つて、早く徴兵に出し戦死でも遂げて今日の如き光栄を享《う》けさせたき心になりしも多かるやに聞きしが、弥陀《みだ》の余光の遠く及ぶところ之に因て愚夫愚婦の頑固心を開発するの緒をなすも亦、好方便といふべし。

（朝日新聞、一八八三年五月一三日）

ここに述べられた本願寺法主の行為は、靖国神社の戦没者祭祀、すなわち「英霊顕彰」の儀礼とほとんど変わらない。記事中の「御門跡様」すなわち本願寺法主を、「お天子様」すなわち天皇に置き換えてみよう。実際、本願寺法主は開祖親鸞の血筋を引く世襲の地位であり、その絶対的な権威を考えれば天皇に近いと言っても過言ではない。そうすると、この記事が伝えているのは、「誉れの母の感涙座談会」に示唆され、「戦死者の大祭典を挙行す可し」に説明されていた、「感情の錬金術」と本質的に同じであることが分かるだろう。

すなわち、

①本願寺法主が紀念標に「参拝」し、戦死者に「敬礼」するのを見て、「勿体ない」とか「有たい」とか思って「随喜の涙」を流す遺族たちの存在。

②遺族のなかで最初は「悲しく傷し」いだけであった戦死が「光栄」に転換するのを見て、わが子を徴兵に出すことを忌み嫌っていた人々が死者の栄誉を「羨み」、「急に変つて」、わが子を早く徴兵に出して「戦死でも」させたほうが「光栄」を享受できてよい、と考えるようになる。

③これらを見た記者が、「弥陀の余光」に訴えて戦死者を顕彰する儀式は、徴兵を嫌う厄介な人々の態度を変えさせる「好方便」になると確信する。

菱木政晴は、浄土真宗の戦死者儀式には長い間、自国の戦争を正義の戦争とする「聖戦」教義、戦死した将兵を「お国のために死んだ」存在として英雄化する「英霊」教義、他の国民に「英霊に続け」と呼びかける「顕彰」教義という、靖国信仰の本質をなす三要素がすべて含まれていた、と指摘している(菱木政晴『浄土真宗の戦争責任』岩波ブックレット、一九九三年)。不思議なことでは決してない。「感情の錬金術」を中核とする「英霊顕彰」の儀式は、時代と地域によって、神道式にも、仏教式にも、さらにはキリスト教式にもなりうるからだ。近代日本の「国家の祭祀」としては神社神道が特権化されたにすぎない。

ともあれ、靖国信仰確立の初期にあって、福沢諭吉の主宰する「時事新報」が靖国信仰のカラクリを、それを利用する側の視点から率直に語っていたことはきわめて意味深い。約四〇年後、五〇年後の「感涙座談会」や「招魂の御儀を拝して」になると、もはやこのカラクリはほとんど不可視となり、戦場に死ぬことを名誉と感じる感情がその悲しみをほぼ圧倒するようになる。

†十分な喪のために

しかしまた、それにもかかわらず、靖国信仰の鼓吹者たちは、遺族感情を悲哀から幸福へと転じるために訴え続けねばならなかった。戦前・戦中・戦後を通して活動した高神覚昇の『靖国の精神』（一九四二年）は、その顕著な一例である。この著作に収められた論考「靖国の精神」は、その副題「忠霊の遺族に贈る」が示すように、遺族に向けて靖国の精神を説き聞かせたものである。冒頭、高神はこう述べる。

靖国の精神は、戦争の時に、兵隊さんだけが持つ精神ではない。それは戦時にも平時にも、日本人のすべてが、何人もひとしく堅持すべき日本精神なのである。では、その靖国の精神を発揮するには、どうすればよいか。結局それは、次の言葉につきるとおもふ。国家《くに》のためには悦んで血を流せ。社会《ひと》のためには悦んで涙を流せ。自分のためには悦んで汗を流せ。

「靖国の母」、「靖国の妻」は、「日本人のすべて」が「ひとしく堅持すべき」「日本精神」としての靖国の精神を分有しなければならない。そしてそれは、遺族としての悲しみを喜びに転化することによってのみ可能になる。

子供が、夫が、立派に御奉公申上げることができたと喜ぶのと、折角大事に育てた子供を、御国のためとはいへ、不幸にも亡くしてしまったと悲しむのとは、非常に心持が違うと思ひます。**喜ぶのも、悲しむのも、つまりは自分の心の持ちやうです。**いったい自分のものだと思っている財産も、実は自分のものではありません。みんな国家のものです。いや、財産ばかりではない。この身体も、生命も、みんな上御《かみご》一人《いちにん》からお預かりしているのです。だから、いざといふ場合、立派にお役に立つやうに、ふだんから大切にせねばならぬわけです。遺家族の方々は、このたび大切に育てた伜、大切に仕へた夫を、潔く醜《しこ》の御盾《みたて》として捧げられたのです。陛下からお預かりになっていたものを御返しになったのです。しかも、その息子、その夫は、いまや靖国の神と祀られ、いついつまでも、上、陛下の御親拝を仰ぎ、下、国民からは護国の忠霊として、仰がれるのです。男子の本懐これに過ぐるものはないと存じます。

普通に死んだのでは、同情こそせられ、決して**尊敬され**、**感謝せられる**ことはありません。

遺家族の方々は、君国にわが身を捧げた息子のお蔭で、夫のお蔭で、見ず知らずの人々から、非常な**感謝と尊敬と**を受けられているのです。

もしそうだとすれば、靖国信仰から逃れるためには、必ずしも複雑な論理を必要としないことになる。一言でいえば、**悲しいのに嬉しいと言わないこと**。それだけで十分なのだ。まずは家族の戦死を、最も自然な感情にしたがって悲しむだけ悲しむこと。十分に悲しむこと。本当は悲しいのに、無理をして喜ぶことをしないこと。悲しさやむなしさやわりきれなさを埋めるために、国家の物語、国家の意味づけを決して受け入れないことである。「喪の作業」を性急に終わらせようとしないこと。とりわけ国家が提供する物語、意味づけによって「喪」の状態を終わらせようとしないこと。このことだけによっても、もはや国家は人々を次の戦争に動員することができなくなるだろう。戦争主体としての国家は、機能不全をきたすだろう。

この点に関連して、葦津珍彦《あしづうずひこ》の論を検討しておこう。

葦津珍彦は、村上重良らによる戦後の国家神道批判が、GHQ（連合国軍総指令部）の「神道指令」等に影響されて国家神道の犯罪性を捏造し、その自らつくり上げた虚像を撃つものにすぎなかったとして、国家神道の復権を主張した人物である。もとより私は、ここでその国家神道論全体を検証しようというのではない。ここで検討したいのは、葦津の靖国神社に関する次のような議論である。少し長くなるが、重要なので該当箇所全体を引用する。

世俗的に一般にいはれるのは、靖国神社の例である。「将兵が、戦死すれば神になる」との宗教心を宣伝して、生命を捨てさせる宗教を創ったと論ずる者が少なくないが、浅薄すぎる。日本の将兵の中には、国家の危機に臨んでは死をさけないと決意していた者が少なくない。それは、「靖国の神になれるから」といふやうな代償的理由に基くものではなくして、それ以前のその人の人生観なり国家観に基くものである。そのやうな人生観、国家観の将兵が、在世中から靖国神社を崇敬したのは当然であらうが、大多数の国民は将兵の「武運**長久**」を祈り、将兵も勝利を得て**生還**することを希望したのは当り前の人情である。その人間として当然の希望人情が達せられないで、

やむなくして非命に斃れた時に、その死を悲しんで靖国神社に祭ったのである。靖国神社の祭りは、明治天皇の思召による特殊の懇切な勅祭とされたが、それは一般の別格官幣社のやうに、史上有名な特殊の功臣を遠く追想して祭神とされたのではなく、その功業の高下大小にかかはらず、その非命を悲しまれて、戦後直ちに追悼合祀されたのであって「戦死を以て極楽往生の道」だと教へたわけでは決してない。明治天皇の皇后（昭憲皇太后）の御歌に「神がきに涙たむけてをがむらし　かへるを待ちし親も妻子も」と詠ぜられている。日露戦役後の御歌で「生還」を待ちし親と妻子の情の痛切さを詠ぜられている。これがありのままなる靖国神社の祭りの心であって、生還を切望していたけれども、やむなく戦死した、**その結果を悲しんで**行はれる懇切な祭りである。その**悲しみの結果**として行はれた祭りの精神を逆立ちさせて解釈し、それを**「戦死させる目的」**をもって、靖国神社の祭りが行はれたかのやうに曲解して「反靖国」「反国家神道」の理論構成をしているやうな新奇の主張が、いつまでもつづいているのは敗戦日本人の浅薄にして不可思議の論である。少しく、まじめに人間心理の内的消息を考へてみれば分ることだ。いかに懇切な祭りをするといっても、「武運**長久**で**無事生還する**」よりも「死を代償に神になりたい」と思った通常の国民がどれだけあり得るといふのか。

（葦津珍彦『国家神道とは何だったのか』神社新報社、一九八七年）

葦津はここで、靖国神社の祭り（祀り）が、**あたかも**戦死者を顕彰するものではない**かのように**論じている。だれもが「当り前の人情」として将兵の「無事生還」を望んでいたのだから、戦死を美化し褒め讃えることなどありえない**かのように**語っている。彼によれば、靖国の祭りは将兵がやむなく戦死したときに、**「その死を悲しんで」**、**「その結果を悲しんで」**、「その**悲しみの結果**として」行なわれるのであって、それは**あたかも戦死を悲しむ祭りであるかのよう**なのだ。

しかし、すでに私たちが見てきたように、また本書でさらにこれからも見るであろうように、靖国の論理は戦死を悲しむことを本質とするのではなく、その悲しみを正反対の喜びに転換させようとするものである。靖国の言説は、戦死の美化、顕彰のレトリックに満ちている。

天皇であれ皇后であれ、親であれ妻子であれ、それこそ「当り前の人情」を持っていれば、戦死はまず悲しみとして経験されるだろう。だが靖国の論理は、この「当り前の人情」である悲しみを抑圧し、戦死を喜びとして感じるように仕向けるのだ。戦死の不幸は幸福に、その悲劇は栄光に転換されねばならない。そうでなければ国家は、新たな戦争に国民を動員できなくなるであろう。戦死することを「目的」として戦場に赴く将兵はいないとしても、戦場でひたすら「無事生還」を願っているような将兵を靖国の論理は認めない。それが求めるのは、国家による賞賛と国民による「感謝と尊敬」を約束されているために、生命を棄てても勝利を得ようとする「忠勇義烈」の将兵なのだ。

†戦死の「大歓喜」

靖国神社の絶頂期、一九四三年四月発行の横山夏樹『輝く靖国物語』には、こうある（著者の横山夏樹は、小学校教員、陸軍省人事局、報知新聞社などを経て、童話作家として成功した人物）。

> 戦死といふことは、たしかに悲劇には違ひありません。しかし、凡《およ》そ日本人として、戦場に赴いた以上、又戦場に送った以上は、**身命は君国に捧げた**のでありますから、その戦死たるや只の死ではありません。**光栄に輝く最期**です。**男子としての本懐**です。日本に、男児として生れて来たといふことは、国を守る為の誕生なのです。日本の国の輝しい歴史を作るために生れて来たのです。我々の祖先は、みんなさうだったのです。**後から続く人々も、やっぱりさうでなくてはならないのです。**

それだから、輝く日本の永劫の光は、この靖国のお社の中にあるのです。国民《くにたみ》の国思ふ切々たる意志が、凝集して不滅の光となり、祖国に捧げた純潔な誠心が世界を照す輝きともなるのです。

「輝く日本の永劫の光」は、「身命」を「君国に捧げ」て「光栄に輝く最期」を遂げた戦死者を祀る「靖国のお社」の中にこそある。ここで戦死は、「悲劇」から「光栄」に、「男子の本懐」に転換されている。「後から続く人々も、やっぱりさうでなくてはならない」。つまり、「日本に、男児として生れて来た」者は、みな君国のための戦死を遂げて「靖国のお社」に祀られることを「本懐」としなければならない。

君国のための戦死は「男子としての本懐」であっても、女性の「英霊」を排除しない。一九四一年八月発行の靖国烈女遺徳顕彰会編『靖国烈女傳』は、日本軍軍属として戦死した四一名の女性（および「明治維新」関係者七名）の生と死を物語り、その死を顕彰して、女性たちに「あとに続く」ことを促している。生田辰男の序文の一節。

靖国神社に祭祀せられたる二十有余万柱の祭神こそは、吾人の祖先であり父兄であり、将又《はたまた》子弟であつて、その**功績**たるや誠に大和魂の権化である。而して是等多数の祭神の中に、五十有余柱の女性祭神あり、この祭神は、何れも男性祭神に劣らず盡忠《じんちゆう》報国《ほうこく》の一念凝って護国の鬼と化したる烈女にして、吾人は曩《さき》に靖国烈女遺徳顕彰会を起し、是等忠勇果敢なる烈女の**功績**を親しく調査し、此度之が完了を得たるを以つて、此處に「靖国烈女傳」を刊行して大いにその遺徳を**顕彰**し、併せて時局多端の此の秋《とき》、殊に一国の興亡は其国女性の心構如何が与つて力ある事を思ひ、深く時局を認識し、臣道實践の誠を盡《つく》して体制翼賛の實を挙げんと欲するものである。

ここには悲しみの跡形もない。女性軍属が「護国の鬼」として戦死したことの「功績」をひたすら褒め讃え、「顕彰」するのみである。

もしも葦津の言うように、靖国の祭り（祀り）が悲しみを基調とするものならば、天皇や皇后や親や妻子がともに戦死を悲しみ、戦死の悲しみを共有しようとするものならば、それは正しく戦没者の「追悼」儀式であると言えるであろう。追悼とは残された者が死者を「追って」「悼《いた》む」こと、後から哀悼すること、すなわち哀しみ悼むことである。「悼む」とは「痛む」こと、喪失の「痛み」を共有しようとすることであり、したがって追悼とは、悲哀の感情の中で痛みをともにすることである。

ところが、靖国の祭り（祀り）は、こうした感情に沈むことを許さない。それは本質的に悲しみや痛みの共有ではなく、すなわち「追悼」や「哀悼」ではなく、戦死を賞賛し、美化し、功績とし、後に続くべき模範とすること、すなわち「顕彰」である。靖国神社はこの意味で、決して戦没者の「追悼」施設ではなく、「顕彰」施設であると言わなければならない。

皮肉なことだが、葦津の議論は、珍彦の父・葦津耕次郎の提唱した「靖国会」をめぐる論争を通じても反証されるであろう（以下、この論争については赤澤史郎『近代日本の思想動員と宗教統制』一九八五年に拠る）。

民間の神道人であった葦津耕次郎は、一九三四年、靖国神社で仏教各宗派が参加する仏式の供養を行なうこと、そのための組織として神官と僧侶から成る「靖国会」を作ることを提唱した。

耕次郎によれば、「靖国の英霊」に対する国民感情には、「盡忠報国の勲を讃へる」「感謝」の面だけでなく、「地獄の苦を受けて殉国の霊となった」ことへの「悲痛同情」の面もある。靖国神社の祭りは、前者の「英霊に感謝しその勲功を讃美」する面に集中しており、後者の「死んでも死に切れない」「魂を慰め安堵」させる面は、「仏教の回向《えこう》、又は供養」を行なわなければ果たされない。これを行なう必要がある、というのだ。

ところが、この案は当時の靖国神社宮司・賀茂百樹から激しい反発を受ける。賀茂宮司によれば、戦死した兵士は「陛下の万歳を叫んで」死んだのであり、「国家の大生命に合一した大安心、大歓喜」を抱いている。そのうえ「勅裁」つまり天皇の裁可によって靖国神社の祭神となったのだから、兵士の霊も遺族も「臣子たるものの最高至上の名誉として感泣すべき」だというのである。葦津耕次郎は、結局この提案を取り下げざるをえなくなる。

赤澤史郎はこの論争を総括して、「戦死者は天皇と国家のために喜んで死んだ筈だというタテマエが、あらゆる戦死の唯一の意味として押しつけられ、必ずしも喜んで死んだとばかりは言えないとか、遺族は靖国の英霊となったことを喜んでいるとは限らないとかいう解釈は、もっての外の「不忠不義」として斬り捨てられてしまう」と述べている。

葦津耕次郎の言う「悲痛同情」の面とは、文字通り、悲しみと痛みの感情を同じくすること、「追悼」や「哀悼」のことであろう。これは、「英霊」への「感謝」や「勲功の讃美」とは、すなわち「英霊顕彰」とは別の面である。戦死者への**「悲しみ」**や**「痛み」**の感情を取り上げようとした耕次郎が、戦死は**「大歓喜」**であり**「最高至上の名誉」**だとする靖国神社宮司によって斥《しりぞ》けられてしまったのである。

靖国の祭り（祀り）を、「悲しみ」の祭り（祀り）と考えることは困難である。それは、悲しみを抑圧して戦死を顕彰せずにはいられない「国家の祭祀」なのである。

第二章

歴史認識の問題

——戦争責任論の向うへ

1923年、台湾神社を参拝する皇太子（のちの昭和天皇）。（辻子実氏提供）

であった。

†共同体とその他者

「感情」の問題は、戦死の悲しみを喜びへと一八〇度転換させる「感情の錬金術」の問題であった。

国家は、戦争に動員して死に追いやった兵士たちへの「悲しみ」や「悼《いた》み」によってではなく、次の戦争への準備のために、彼らに続いて「お国のために死ぬこと」を名誉と考え、進んでみずからを犠牲にする兵士の精神を調達するために、戦死者を顕彰《けんしょう》するのだ。

靖国信仰は、戦場における死の悲惨さ、おぞましさを徹底的に隠蔽し、それを聖なる世界へと昇華すると同時に、戦死者の遺族の悲しみ、むなしさ、わりきれなさにつけこんで「名誉の戦死」という強力な意味づけを提供し、人々の感情を収奪していく。だから、このシステムを逃れるためには、戦死を喜ぶのではなく悲しむこと、「喪＝悲哀」の感情にひたすらとどまることだけで十分なのだ。

戦死を喜ぶのではなく悲しむこと。ひたすら「悼む」こと、すなわち「追悼」しつづけること。

しかし、ここでただちに次の問題が現われてくる。「歴史認識」の問題である。

考えてもみよう。日本軍兵士の「非業の死」への感情が喜びから悲しみへ、顕彰から追悼へと変わったとしても、そこに出現するのは何か。それは、日本人が**自国**の兵士の死を悼む、日本国民に閉じられた、**日本国民内部で完結する追悼の共同体**であり、**「哀悼の共同体」**にほかならない。この共同体は、戦争で死んだ自国の兵士の死を悼むけれども、死を悼むだけならば、その死をもたらした**戦争そのものの性格を問う**必要はない。家族や同胞の戦死をひたすら悲しみ、ひたすら追悼するだけならば、その戦死をもたらした戦争そのものの性格を問う必要はないのである。

なぜ、戦死者への哀悼を超えて、戦争そのものの性格を問わなければならないのか。

それは、まず第一に、日本軍の戦争によって生じた膨大な数の死者・被害者が、日本国民の外にいるからである。日本国民の外に、哀悼の対象である日本軍戦没兵士が参加した戦争によって殺された、日本軍戦没兵士の何倍もの数の死者が、そして被害者がいるからである。これらの死者・被害者との関係抜きに、日本国民だけの追悼の共同体、「哀悼の共同体」にとどまるならば、その追悼や「哀悼」の行為そのものが、外からの批判を免れないことになるだろう。日本軍戦死者たちの参加した戦争は、日本の「他者」に、日本の「外」にどれほどの死と被害をもたらしたのか。靖国神社に合祀されている戦死者たちの戦争が、とりわけアジア諸国に、また、日本の植民地支配下にあった諸民族に、どれだけの死と被害をもたらしたのか。それを問うことができなければ、自国の戦死者への追悼や哀悼も、他者からの批判に耐えられず、その正当性は根底から瓦解《がかい》してしまうだろう。

靖国問題で歴史認識が問われるのは、いわゆる「A級戦犯」合祀《ごうし》問題としてである。あらかじめ言っておけば、私は靖国問題で歴史認識を問う場合、それを「A級戦犯」合祀問題として問うことは、この問題を極度に**矮小化**することにつながりかねない、と考えている。

†「A級戦犯」合祀問題

「A級戦犯」合祀問題とは何か。

「A級戦犯」とは、極東国際軍事裁判（いわゆる東京裁判）において、「平和に対する罪」、すなわち侵略戦争を指導した罪のゆえに被告とされた二八名のことである。このうち、死亡・精神異常による免訴三名を除く二五被告全員が有罪となり、うち東条英機元首相、板垣征四郎元陸軍大将、土肥原《どいはら》賢二元陸軍大将、松井石根《いわね》元陸軍大将、木村兵太郎元陸軍大将、武藤章元陸軍中将、廣田弘毅元首相の七名が絞首刑となった。この七名に加えて、公判中病死した、松岡洋右《ようすけ》元外相、永野修身《おさみ》元海軍大将、受刑中に獄死した白鳥敏夫元駐イタリア大使、東郷茂徳元外相、小磯國昭元陸軍大将、平沼騏一郎元首相、梅津美治郎元陸軍大将の合わせて一四名が、一九七八年一〇月一七日に靖国神社に合祀されたのである。

これらの人々は、明らかにいわゆる「戦死者」とはいえない。しかし靖国神社は、同じく戦死者とはいえないB・C級戦犯についても合祀を行なっている。日本の敗戦後、戦時中に交戦法規違反を犯したとして、国の内外で連合国によって五千人以上の人々が起訴され、そのうち一千人近くが刑死したB・C級戦犯裁判が行なわれたが、靖国神社はこれらの刑死者を「昭和殉難者」として、すでに一九七〇年までにその合祀を終えていたのである。

戦後、靖国神社への合祀は、厚生省が遺族援護法などを適用できる「公務死」として認定した人々の名簿を靖国神社に渡し、靖国神社がそれを基にして行なってきた（この厚生省と靖国神社の連携自体、政教分離を定めた日本国憲法に違反する疑いが濃いと考えられる）。厚生省は、一九六六年の段階で、すでにA級戦犯の祭神名表を靖国神社に送っていたことが明らかになっている。靖国神社側もB・C級戦犯と同じく、A級戦犯を「昭和殉難者」として合祀する方針だったが、神社側にも「一四人に対する国民感情を考えて、時期を選ぶべきという意見」（藤田勝重権宮司）があったので、合祀が見送られてきて、一九七八年になってようやく合祀されたという経緯があった。

このA級戦犯合祀は、ただちには表沙汰にはならず、翌年四月一九日の朝日新聞による報道で公けになった。当日の新聞記事を見るときわめて大きく扱われており、国内でもこれは「戦争肯定につながる」から問題だ、という批判がすぐに出たことが分かる。しかし、この問題が一躍注目されるようになったのは、何といっても一九八五年、中曾根康弘首相が「公式参拝」を行なったときからである。

このとき、韓国、シンガポール、香港、あるいはイギリス、当時のソ連、米国などでも批判や懸念がメディアを中心に続出し、中でも中国は、外務省スポークスマンが談話を発表し、東条英機ら戦犯が合祀されている靖国神社に日本の首相が参拝することを批判したのである。

今日の日本では、「A級戦犯」合祀問題は中国や韓国との間の問題であり、「外交問題」であるかのような印象が広まっている。中には、「靖国問題は中国や韓国による批判から生まれたもので、それ以前には何も問題はなかった」というような「論」まで見受けられる。しかし、そうした印象や「論」は誤っている。

「A級戦犯」合祀でさえ、中国政府による公的批判が開始される数年前から国内で問題化していたのだし、一九六〇年代半ばから七〇年代半ばにかけて、まだ中国政府や韓国政府から靖国問題に関する公的発言がまったくない時代から、国内では「靖国神社国家護持法案」が政治問題化し、国論を二分する熾烈な論争が展開されていたのである。

†東京裁判で裁かれなかったもの

靖国神社への「A級戦犯」合祀が、なぜ、批判の対象になるのか。

それはまず、彼らを「英霊」＝「護国の神」として顕彰することが、彼らが指導した戦争を侵略戦争ではなく正しい戦争として正当化することにつながる、と考えられるからである。ただ、これも、民間の純然たる一宗教法人が信奉する歴史観にすぎないならば、民主主義社会における思想の自由、信教の自由の枠内にあると言うこともできる。しかし、そこに、戦後も首相や天皇が繰り返し参拝し、国家との結びつきが決して絶たれていなかったとすれば、話は別だ。それでも一九八〇年代前半までは、中国政府も韓国政府も沈黙を守ってきた。八〇年代に入って「戦後政治の総決算」を唱えて登場し、新国家主義の路線を追求した中曽根康弘首相の動向が、日本軍国主義の復活を強く警戒する中国政府の許容限度を超えたのであろう。以後、中国政府は一貫して、A級戦犯が合祀されている靖国神社に日本の首相が参拝するのはかつての日本の侵略戦争を正当化することになる、と強く反発してきた。

東京裁判は、戦勝国が日本の戦争を一方的に断罪した「勝者の裁き」であるから、「A級戦犯」処罰も容認できない、と論じる人は国内に少なくない。たしかに、東京裁判は事実として「勝者の裁き」であった。しかし、被告側に弁護人が付けられ、その弁護人が法廷で公然と裁判自体の正当性を問題にし、インドのパール判事のような少数意見の提出がタブーとされない程度には、その問題性は意識されていた。ナチス・ドイツを裁いたニュルンベルク国際軍事裁判も、「勝者の裁き」であったが、だからといって、ナチス・ドイツの指導者たちを断罪したことが誤りであったということはできない。日本の「A級戦犯」についても、個々の判決の妥当性をめぐっての議論はありうるとしても、国民を戦争に動員し、アジア諸国の人々に甚大な被害をもたらした責任が不問に付されてならなかったことは明らかだ。

東京裁判の重大な問題性は、そこで裁かれたものよりも、むしろそこで裁かれなかったものの方にある。「勝者の裁き」であるゆえに、東京大空襲から広島・長崎への原爆投下に至る、米国自身が犯した重大な戦争犯罪が裁かれなかったのはもちろんである。しかしまた、「A級戦犯」が裁かれたのに、彼らが仕えた君主であり、一貫して帝国陸海軍「大元帥」すなわち最高司令官であり続けた昭和天皇が不起訴になったのも、ソ連・中国・オーストラリアなどの訴追論を押さえ込んだ米国の意志によるものであったし、七三一部隊のような日本軍の戦争犯罪が裁かれなかったのも、米国の意図によるものであった。

さらに、日本の植民地支配から解放されたばかりの朝鮮は、「日本の交戦国ではなかった」として戦勝国と見なされず、「勝者の裁き」に参加することもできなかったし、米英仏蘭など植民地宗主国でもあった戦勝国に、日本の植民地支配責任を裁く意図も能力もなかった。

現実問題としては、日本が連合国による占領状態から主権を回復し、国際社会に復帰することを可能にしたサンフランシスコ講和条約において、日本政府が連合国による戦犯裁判の「判決」を受諾している、という事実がある。東京裁判を「勝者の裁き」として拒否し、「A級戦犯」断罪を容認できないと主張するなら、戦後日本国家を国際的に承認させた条件そのものをひっくり返すことになってしまう。中曾根首相の参拝後、中国からの批判を受けて、後藤田正晴官房長官は、日本がサンフランシスコ講和条約で東京裁判の「判決」を受諾している旨を確認している。中曾根首相が二度と参拝を繰り返さなかったのは、アジア諸国とりわけ中国の意向に配慮したからであったのはまちがいないが、それは「A級戦犯」合祀を問題視する中国の主張が、こうした経緯に照らして無視できないことを自覚したからでもあっただろう。

†中国の政治的譲歩

日本では、中国は「A級戦犯」合祀を理由に日本の首相の靖国神社参拝を批判することによって、日本の戦争責任を徹底追及しているのだ、という印象が広まっている。しかし私の見方は、ある意味で逆である。中国政府は、この問題を「A級戦犯」合祀に絞り込むことによって問題を限定し、一種の「政治決着」を図ろうとしているのである。

「A級戦犯」合祀を問題にするということは、逆に言えば、**それ以外は問題にしない**ということにほかならない。先にも触れたように、靖国神社に祀《まつ》られているのは「A級戦犯」だけではなく、交戦法規違反を犯したなどとして処刑されたいわゆる「B・C級戦犯」も祀られているし、戦犯にはならなかったとしても、日中戦争中に死んだ高級将校たち、つまり日中戦争を指導した日本の将軍たちも祀られている。もしも中国が日本の戦争責任を徹底追及しようとするなら、これらの合祀者を問題にしないのはおかしい、ということになるであろう。朱建栄・東洋学園大学教授が言うように、「B・C級以下の戦犯を問題にしないことで政治決着をはかる方法」としてしか理解できないことなのだ。

　こうも言える。「A級戦犯」以外を問題にしないということは、**靖国神社そのものを問題にしているのでもない**、ということである。いやそれどころか、中国政府は（韓国政府も）**「A級戦犯」合祀自体を問題にしているのではない**、とさえ言えるだろう。繰り返して確認すれば、中国政府が批判を開始したのは、「戦後政治の総決算」を唱えて新国家主義を打ち出した中曽根首相が公式参拝したときであって、「A級戦犯」合祀が公けになったときではなかった。中国政府の批判は、日本の一宗教法人・靖国神社が「A級戦犯」を合祀したこと自体にではなく、そうした戦犯が合祀されていることが明らかになっている靖国神社に、日本の首相が公然と参拝するという**現在の政治行為**に向けられている、と考えるべきであろう。

実は、すでに中曾根首相の参拝の時から、当時の章・駐日中国大使が、「(A級戦犯合祀の)問題さえ正しく解決されるのなら、(靖国問題の)解決策を見出すことは決して難しくない」と述べて、中国側の基本的立場を示唆していた(一九八五年一二月二七日、日本記者クラブでの講演)。

小泉首相の初の参拝の前にちょうど新しく着任したばかりだった武大偉大使は、「**一般戦没者を参拝するのはなんら問題がない**が、A級戦犯が合祀されたことが問題だ」と語った(二〇〇一年七月三一日)。これらの発言は、明らかに、中国政府が戦後しばしば表明してきた戦争責任論に対応している。つまり、「日本軍国主義者」と一般の「日本国民」を区別して、中国侵略戦争の責任は日本軍国主義者にあったのであり、一般の日本国民にあったのではない、という立場である。

八五年の中曾根首相の参拝の際も、中国外務省スポークスマンは、「日本軍国主義が発動した侵略戦争は、アジア・太平洋地域の各国の人民に深い災難をもたらし、日本人民自身もその損害を被った」と述べた上で、靖国神社には「東条英機ら戦犯が合祀されている」ので、首相の参拝は「日本軍国主義により被害を深く受けた**中日両国人民を含む**アジア各国人民の感情を傷つけることになるであろう」と述べていた。つまり、侵略戦争を指導した「日本軍国主義者」以外の日本「人民」は、中国「人民」と同じように、日本軍国主義の被害者であったというのが、中国政府の立場なのだ。

この立場には、二重の意味が込められていると思われる。第一に、日本国民に向けて中日友好を訴え、日本国民が中国人民とともに「日本軍国主義の復活」に反対するよう呼びかける意味である。第二に、戦争で甚大な被害を受けたけれども、中国の発展のためには「民族復讐主義」を抑えていこうという自国民に向けた説得の意味である。

戦争指導者のみを問題とし、実際に侵略行為を行なって中国人民を傷つけた日本軍兵士については、「日本軍国主義者」によって戦争に動員された「被害者」と見なすということの立場は、実際に被害を受けた中国人民から見れば大幅な**政治的譲歩**であろう。

日本側でこれに対する政治的に「合理的」な反応として考えられるのは、「A級戦犯分祀論」である。「分祀」とは、いったん合祀された霊魂を分割して、一部を他所に祀ることを意味する。

実際、中曾根内閣は、中国の批判を受けてA級戦犯分祀に動いた。ちなみに小泉首相の反応は対照的で、驚くほど合理性を欠いている。「日本人の国民感情として、亡くなるとすべて仏様になる。A級戦犯はすでに死刑という現世で刑罰を受けている。［中略］死者に対してそれほど選別をしなければならないのか」（朝日新聞、二〇〇一年七月一二日）。小泉首相のこの発言は、一国の政治指導者としてあまりに杜撰《ずさん》である。神社が問題になっているのに、「カミ」ではなく「ホトケサマ」と言い、靖国に違和感を持つ日本人キリスト者などの感情を無視して、「日本人の国民感情」を語る。靖国神社に合祀されたA級戦犯のうち、死刑に処せられたのは東条英機元首相ら七名のみで、残りの七名は病死・獄死者であるのに、A級戦犯すべてが死刑になったかのように語っている。これ以後も小泉首相は、A級戦犯合祀への批判は死者への差別だとして一貫して反発を示している。

†分祀は可能か？

しかしながら、中曾根内閣によるA級戦犯分祀の企ては失敗した。

第一に、靖国神社が明確に拒否した。一九八六年二月二七日、後藤田正晴官房長官の依頼を受けて靖国神社を訪れた大槻文平・靖国神社奉賛会会長と、松平永芳・靖国神社宮司との会見は次のようなものだった。

大槻会長「わたしは、専門家じゃないのでよくわからんが、A級戦犯の合祀を取り下げることができないだろうか」
松平宮司「それは絶対できません。神社には、「座」というものがある。神様の座る座布団のことです。靖国神社は他の神社と異なり「座」が一つしかない。二百五十万柱の霊が一つの同じ座ぶとんに座っている。それを引き離すことはできません」
大槻会長「そうですか。じゃあ、できないということだけ伝えておきましょう」

（毎日新聞、一九八七年一〇月一日）

要するに、靖国神社の「教義」からして、いったん神として祀ったものをはずすことはできない、ということである。このような政治的な動きに対して、「神社新報」の論説も次のように怒りをあらわにした。

そもそも神社の御祭神を政治的配慮によって差別し、合祀を取り下げ、あるいは他神社に祀り替えするなどということは、祭神に対する冒瀆であり、断じて同意することは出来ない。

（神社新報、一九八六年一月二〇日）

第二に、A級戦犯合祀者の遺族のうち、東条家が拒否した。一九八五年一一月一四日、板垣正参議院議員（A級戦犯として処刑された板垣征四郎元陸軍大臣の長男）が東条家を訪問し、A級戦犯者の遺族で靖国神社に合祀取り下げの請願をすることを相談した。このときの模様を、東条元首相の孫にあたる東條由布子が次のように証言している。

A級戦犯を靖国神社から分祀したいと考えた中曾根総理の意向を受けて、神社側や私たちに働きかけられたのが、板垣様（板垣征四郎元陸相）のご遺族である板垣正参院議員（当時）です。板垣議員は刑死した七人の遺族の家を、「靖国神社の合祀から降ろしましょう」という署名簿をもって回られました。他の六人のご遺族は署名されたのですが、東條家だけは署名せず、合祀取り下げに同意しませんでした。

そのとき、輝雄叔父は私の母に「かくかくしかじかの理由で私は署名しませんでした。お義姉さんもこのことを承知しておいてください」と、署名をしない理由を手紙にしたためてくれました。叔父は、東條の次男としての肉親の情から分祀に反対したのではなく、他国の干渉に屈する形で分祀を認めることはできないという考えでした。

合祀の取り下げは、東京裁判という戦勝国の一方的な断罪を受け入れることになる。

それでは、日本の国と家族のことを思って一途に散っていった二百四十六万余の英霊に申し訳ない、というような気持ちだったのではないかと思います。

（「A級戦犯合祀は靖国問題の桎梏か」PHP研究所『検証・靖国問題とはなにか』二〇〇二年）

このように遺族の意向も分かれ、靖国神社の拒絶が強かったために、結局A級戦犯の分祀は実現しなかった。実際、ここには困難な問題がある。靖国神社が同意しないのに政府が政治的合理性によって分祀を強制すれば、これもまた政教分離の憲法原則に違反することになってしまう。事実、八六年には、靖国派に属する神道政治連盟会長が、政府や与党の合祀取り下げ要請に対して憲法違反だとして抗議する事態になったのだ。靖国神社は東京都知事に認可された単一の宗教法人であるから、その内容に政府が介入するわけにはいかない。

では、分祀は絶対に不可能なのか。そうではないであろう。処刑された七人の遺族のうち六人の遺族がいったんは分祀を了承したのだから、七人の遺族がすべて了承することもありえないとは言えない。また、靖国神社は他の神社と異なり「座がひとつしかない」から「いったん祀られた魂ははずせない」というのは、まさに他の神社と異なり明治初期に靖国神社という装置が発明されたときの産物であって、日本の神社神道の古来の伝統ではないのだから、自分たちで作ったものを自分たちで修正することが不可能であるはずはない。つまり、靖国神社がみずから分祀に応じ、すべての遺族がそれを了承すれば、決して不可能とまでは言えないのだ。

小泉首相が参拝を繰り返し、日中首脳会談すら困難になっている現状に対して、中曾根元首相はあらためてA級戦犯分祀による解決を主張している。これに対して、靖国支持派の反発も依然きわめて強い。このような現状では、「政治決着」は**不可能に近い**、と言わざるをえない。

†スケープゴートと免責の論理

このように、A級戦犯分祀は実際にはきわめて困難である。そして万が一、A級戦犯分祀が実現したとしても、それが可能にするのは政府間の「政治決着」にとどまる。

私が強調したいのは、A級戦犯分祀論は靖国問題における歴史認識を深化させるものではなく、むしろ反対にその深化を妨げるものだということである。靖国問題をA級戦犯分祀論として語ることは、一見すると戦争責任問題を重視しているように見えるけれども、実際はまったく逆で、戦争責任問題を矮小化し、そしてそれだけでなく、より本質的な歴史認識の問題を見えなくしてしまう効果をもつ。

いま仮に、A級戦犯が分祀されたとしてみよう。そのとき何が起こるだろうか。日本の首相が靖国神社に公式参拝する。中国政府や韓国政府からは何の抗議も発せられない。日本の首相は、たとえば小泉首相であれば、「今日の日本の平和と繁栄の礎」となった「英霊」たちの「尊い犠牲」を讃え、彼らに「感謝と敬意」を捧げるであろう。そして次に、A級戦犯合祀が公けになってから今日まで途絶えている天皇の「御親拝」が復活する。首相の公式参拝を求めている人々の最終目的は、何よりも天皇の「御親拝」を実現することであるから。さらに一九八五、六年当時、中曾根政権がA級戦犯分祀に成功していたと想像してみよう。

「米国にはアーリントンがあり、ソ連にも、外国へ行っても無名戦士の墓があるなど、国のために倒れた人に対して、国民が感謝を捧げる場所がある。これは当然なことであり、さもなくして誰が国に命を捧げるか」(一九八五年七月二五日、自民党軽井沢セミナーでの中曾根首相の発言)

このように豪語した中曾根首相が公式参拝を繰り返す。そして、当時の昭和天皇が「御親拝」を復活させると想像してみよう。これは何を意味するだろうか。

この構図が問題なのは、それがある意味で、**東京裁判の巨大な問題点を反復するものに**

ほかならないからだ。

A級戦犯を排除した靖国神社に昭和天皇が参拝し、「英霊」たちを慰撫する。それは、A級戦犯に主要な戦争責任を集中させ、彼らをスケープゴート（犠牲の山羊）にすることで昭和天皇が免責され、圧倒的多数の一般国民も自らの戦争責任を不問に付した東京裁判の構図に瓜二つなのである。

一方では、「大元帥」として帝国陸海軍最高司令官であった昭和天皇の責任、そして天皇制の責任が問われることなく免責され、他方では、有無を言わせず戦争に動員され、戦死したという点では被害者と言えるけれども、実際に侵略行為に従事したという意味では加害者であった、一般兵士の責任もまったく問われずに終わってしまう。さらにまた、天皇の権威によって天皇の神社として、それらの兵士を動員することに決定的な役割を果した「戦争神社」靖国神社の戦争責任もまったく問われないことになる。

A級戦犯分祀論が、このようなスケープゴートの論理を持っていることは、野中広務内閣官房長官の次のような発言にも見られる。「誰かが戦争の責任を負わなくてはならない。A級戦犯の方々に第二次世界大戦の責任を負ってもらい、その方々を分祀する」（一九九九年八月）。「誰かが責任を負わなければならないから、A級戦犯に負ってもらう」というのは、あまりにご都合主義的な責任の押しつけである。A級戦犯分祀論が戦争責任の矮小化につながることは明らかであろう。

†戦争責任論が見落とすもの

さて、しかし、このような戦争責任論は、まだまだ歴史認識問題の入り口にすぎない。ここで問わなければならないのは、「戦争責任」という言葉、あるいは「戦争責任論」というパースペクティブそのものが、歴史認識の深化を阻んでいるのではないかということだ。というのも、「戦争責任」とは何か。戦後日本社会でこの言葉は、最も狭くは米国との戦争に敗北した責任を意味し、もっと広く理解される場合でも、東京裁判で裁かれた責任、東京裁判で問われた責任という意味を超えることはない。東京裁判で裁かれたのは一九二八年以降の日本の戦争責任であり、A級戦犯は「満州事変」(一九三一年)とそれ以降の中国侵略および太平洋戦争の主要な戦争責任者として裁かれたのだ。

他方、靖国神社の歴史は、一八六九年に東京招魂社として創建され、一八七九年に「靖国神社」と社号を変えて社格を制定して以来、近代日本国家が行なったあらゆる戦争にかかわっている。とすれば、靖国問題において歴史認識が問われる際、それを「戦争責任論」のパースペクティブで論じるかぎり、事実上は「満州事変」以前のすべての戦争が見落とされることにならざるをえない。

現在の靖国神社は、「戦役事変別合祀祭神数」として、次のようなデータを公表している。

明治維新　七、七五一柱
西南戦争　六、九七一柱
日清戦争　一三、六一九柱
台湾征討　一、一三〇柱
北清事変　一、二五六柱
日露戦争　八八、四二九柱
第一次世界大戦　四、八五〇柱
済南事変　一八五柱
満州事変　一七、一七六柱
支那事変　一九一、二五〇柱
大東亜戦争　二、一三三、九一五柱
合計　二、四六六、五三二柱
(平成十六年一〇月一七日現在)

台湾出身者二万八千余柱、朝鮮出身者二万一千余柱の方々も合祀されており、女性の御祭神は、約五万七千柱が合わせ祀られている。

たしかにこれを見ると、全合祀者数（約二五〇万柱）のうちの圧倒的多数（約二三〇万柱）は、「支那事変」＝日中全面戦争と「大東亜戦争」＝アジア太平洋戦争の合祀者であることが分かる。しかしまた、近代日本国家がそれ以前にいかに多くの戦争を行なってきたかも、ここには明らかである。「明治維新」と「西南戦争」は内戦であったが、それ以後は「日清戦争」、「台湾征討」、「北清事変」、「日露戦争」、「第一次世界大戦」、「済南事変」、「満州事変」と、数年毎に対外戦争が繰り返されてきた。旧日本帝国は、これらの戦争に勝利して多くの植民地を獲得し、一大植民地帝国を築き上げたのである。靖国神社の歴史を考えるとき、これらの戦争が台湾・朝鮮・樺太・南洋群島・「満州」などの植民地支配を可能にした戦争であったことを忘れることはできない。しかも、この「戦役事変別合祀祭神数」を見る程度では、靖国神社が日本植民地主義と骨がらみの関係にあったことをとうてい十分には想像することができないのである。

ここに、一九三五年九月二〇日発行の『靖国神社忠魂史』全五巻がある。当時の陸軍大臣官房・海軍大臣官房の監修のもと、靖国神社社務所が編纂・発行したもので、全五巻で五千頁余りに及ぶ大著である。第一巻の「第一篇　維新前紀」「第一章　尊皇攘夷論の勃興」から書き起こされ、第五巻の「第六篇　満州上海事変」全二〇章まで、ここには天皇の軍隊が行なった無数の戦争が、その原因・背景から個々の戦闘経過に至るまで詳細に記述され、その時点で全四九回に及んでいた合祀祭で祭神となった一三万柱の戦死者が、いつ、どこで、どのようにして死亡したのか、所属部隊、階級、出身県とともに記されているのだ。

今日の日本政府が「先の大戦」と言うとき、それは公式に「支那事変」=日中全面戦争の開始（一九三七年）から、「大東亜戦争」=アジア太平洋戦争までの時期を指し、その間の軍民合わせた日本の戦死者数は三一〇万とされる。靖国神社発表の合祀者数も、「支那事変」と「大東亜戦争」だけで全合祀者数の九〇パーセント以上を占める。しかし、だからといって、靖国神社の「戦争」として、日中戦争とアジア太平洋戦争だけを考えるのでは、『靖国神社忠魂史』全五巻・五千頁あまりに記された、それ以前の日本の戦争のすべてを忘却することになる。『靖国神社忠魂史』のような資料が重要なのは、そこに靖国神社の戦争の**もうひとつの歴史**が、つまり、日中戦争とアジア太平洋戦争以前の日本の無数の戦争の歴史が、それらをすべて「聖戦」とする靖国神社の立場から記述されているからである。

†「台湾理蕃」――ほんの一例としての

とりわけ注目したいのは、『靖国神社忠魂史』に記された日本植民地主義の歴史である。この書をひもとけば、そこには先の「戦役事変別合祀祭神数」に出てくるような「日清戦争」、「日露戦争」、「第一次世界大戦」、「満州事変」といった大戦争だけでなく、日本軍最初の海外出兵となった一八七四年の「台湾出兵」から、一八八二―八四年の「朝鮮事変」、日清戦争後の「台湾征討」（一八九五年）、韓国併合前後の「韓国暴徒鎮圧事件」（一九〇六―一一年）、台湾先住民制圧のための「台湾理蕃」（一八九六―一九一五年）、「台湾霧社事件」（一九三〇年）、「満州事変」後の「匪賊《ひぞく》および不《ふ》逞鮮人《ていせんじん》」の「討伐」（一九三一―三二年）など、**植民地獲得と抵抗運動弾圧のための日本軍の戦争**が、すべて正義の戦争として記述され、そこで死亡した日本軍の指揮官と兵士が「英霊」として顕彰されてきたことが一目瞭然である。

たとえば、日清戦争は第一巻の「第六篇　明治二七・八年戦役」で全一二章四三八頁にわたって記述されているが、その最後の第一二章「台湾の討伐」には、先に見た「時事新報」の「戦死者の大祭典を挙行す可し」で言及されていた、あの「台湾戦争」の経過をおよそ約一二〇頁にわたって記述している。その「第一節　基隆・台北の占領」は、次のように始まっている。

近衛師団の三貂湾上陸

四月十七日下関条約に依って、台湾と澎湖列島がわが帝国の版図《はんと》に置かれるや、五月十日海軍大将男爵樺山資紀はその初代総督に任ぜられ、同十八日近衛師団と常備艦隊を指揮して新領土領収の任務に就いた。

［中略］

東郷司令官は浪速・高千穂の両艦を率い、二十五日淡水港外に到着し、折柄同処《おりがらどうしょ》に在泊していた英国軍艦に就いて状況を聴取すると島内は物情騒然として、反抗の気勢啻《ただ》ならぬものがあるとのことであった。

事実島内に於いては、下関条約の結果を知るや、わが領土たるを欲しない多くの住民は、各処に徒党を組み、二三督撫の後援を期して共和国を建設するに決し、五月二十五日唐景崧を推して大統領に、劉永福を軍務総統となし、これを欧米諸国に照会すると共に、全島に告示して益々民衆の反抗心を煽動した。わが陸海両軍が台湾領収に出動したのは、実に斯の如き険悪極まる時であった。依って初め和戦両様の態度を以ってこれに当《あた》らんとした樺山総督も、台湾沖でこの情況を聴くに及び断平武力を以って任務を果すべく決意し、上陸早々戦闘状態でこれに臨むに至った。

こうして、まつろわぬ人々を武力制圧して、台湾の植民地統治を開始した日本は、やがて台湾全島の完全支配と全資源の収奪を目的として、台湾島の中央高地から東部に生活する先住民族の「討伐」を開始する。その過程は、第五巻「第一篇　台湾理蕃」に六八頁にわたって詳述されている。

「理蕃」とは何か。「第一章　概説」は、次のように始まる。「理蕃とは治蕃の意味で、蕃人や蕃族を治めるということである。これから述べようとするのはすなわち、台湾島がわが領土となって以来、そこに棲《す》んでいる蕃人蕃族をどうして治めてきたか、またこれまでには、どれだけの尊い犠牲を払ってきたかを紹介しようと思う」。

つまり、「台湾理蕃」とは、「文明化の使命」を担う大日本帝国軍が、台湾の野蛮人たる先住民族を天皇の統治の光輝に浴させるために戦う戦争であり、『靖国神社忠魂史』は、その過程で日本軍が「どれだけの**尊い犠牲**を払ってきたか」を記述しようとするのである。「概説」を読み進めると、次のような記述に出会う。

蕃人の相手はわけもないように思われるが、その実決してそうではない。彼ら蕃人の棲んでいる所は、多くは天然の険峻で囲まれ、断崖絶壁で、上を仰げば岩石が崎嶇《きく》として聳《そび》え、下を覗けば幾百尺の谷底には急流が奔湍《ほんたん》として、到底人間業では寄りつかれそうもない所を占めているのである。その上気候や風土病がこれに手伝うのだから、討伐に携わる人々の、辛酸労苦というものは実に大したもので、同じ御国のためとは云いながら、文明の敵を対手として花々しく戦場で討死を遂げたのと、これとを比べるとその差はまた格別であるから、我々はこれ等の人々に対しては多大の**感謝と同情**を表さねばなるまい。

爾来《じらい》理蕃は、その局に当った人々の苦心で、成績は年と共に挙がり、初め官命に従わなくて反抗した蕃人等も、しまいには帰順して有り難がるものがだんだんと多くなり、従って本島の蕃人教育を始めとし、殖産工芸の道も漸漸と発達して、次第に隆盛を見るようになった。けれども、まだまだ理想通りには行かず、時折り大きな蕃害があったので、明治四十二年、時の総督陸軍大将伯爵佐久間左馬太は大英断を揮《ふる》って向う五箇年計画で毎年大討伐を続け、徹底的に凶蕃を懲らして理蕃の効果を挙げようとし、大正三年までこれを行って、初めの目的を遂げることができた。以来本島が今日のように隆盛になったのは偏《ひとえ》に理蕃の方法手段が良かったお蔭には相違ないが、**これに与かって国に殉じた、忠勇義烈の士の賜物として、その御霊を長《とこし》えに仰ぎ弔らわな**

ければならぬ。

台湾の日本軍は、「五箇年計画」で先住民を「討伐」しつづけ、「徹底的に」これを攻撃して、「大正三年まで」に「初めの目的を遂げることができた」。この「第一篇　台湾理蕃」は、こうして台湾先住民を完全征服するために「尊い犠牲」となった日本軍兵士を「英霊」として記録したので、副題に「台湾総督府設置以降大正四年最終合祀時期まで」と題されている。

「第二章　第一期討伐」の冒頭には、一八九六年（明治二九年）に行なわれた「タイワン族マリパシャ討伐」の経過が詳しく記された上で、最後に、「この討伐は、実にわが領台後、蕃界に軍隊を動かした最初のものである」と書かれ、この「討伐」で戦死した三人の日本軍兵士の名が記されている。この三人は、台湾先住民の征服戦争で靖国神社の「英霊」となった最初の人々である。

台湾憲兵隊第三區隊　明二九、一〇、一五
ホンム社　曹長　大塚米次郎　茨城
台湾守備歩六聯　同日

阿乳芒社　一卒　永尾十代吉　長崎
台湾守備歩六聯　明二九、一〇、二二
麻　色　一卒　溝上　仁蔵　福岡

ちなみに、このような「台湾理蕃」の現実こそ、先に触れた高金素梅編集の写真集『無言的幽谷』に記録された世界にほかならない。そこに収められた約九〇枚の写真には、まさに「多くは天然の険峻で囲まれ、断崖絶壁で、上を仰げば岩石が崎嶇として聳え、下を覗けば幾百尺の谷底には急流が奔湍として、到底人間業では寄りつかれそうもない所」に日本軍が侵入し、武力攻撃のさまざまな「方法手段」を駆使して、「徹底的に凶蕃を懲らして理蕃の効果を挙げよう」とする様が、リアルに捉えられている。

表紙の写真は、帰順して日本軍の軍服を着せられた先住民が「台湾理蕃」に協力して、他部族の首を狩った様子が写されていて衝撃的だ。深山に分け入った部隊に、作戦の成功を「嘉許」する天皇の証書が伝達される写真もある。「部隊祭祀」の部分では、激しい戦闘で犠牲となった部隊員のための「忠魂碑」を建設し、祭祀の儀式を執り行なう日本軍の姿が捉えられている。こうした忠魂碑にその名が刻まれた戦死者こそは、やがて靖国神社に合祀され、『靖国神社忠魂史』に祭神名が記載される人々なのだ。これらの写真にたま

台湾先住民制圧作戦中、死亡した兵士の祭祀を行なう日本軍（高金素梅編『無言的幽谷』2002年より）

たま遭遇し、歴史認識を深化させた高金素梅が、小泉首相靖国参拝違憲訴訟台湾人原告団の中心人物となったのは決して偶然ではない。

　こうして「台湾理蕃」においては、先住民「討伐」の過程で戦死した約一五〇〇名の「英霊」の名前が記載されている。これらの「英霊」を含む日本軍兵士によって、天皇の統治に逆らう「蛮人」として攻撃され、害虫のように（「蛮害」という言葉が使われている）殺戮されていったはるかに多数の先住民の死者たちについては、いっさい何の記載もないことは言うまでもない。台湾の植民地統治については、『靖国神社忠魂史』はさらに「台湾霧社事件」について第五篇全体を充《あ》てて記述している。台湾中部の霧社で、先住民が日本の抑圧に反発して一斉蜂起したことで知られるこの事件について、「概要」、「原因」、「警察隊の行動」、「軍隊の行動」、「憲兵の行動」の順で、「凶蛮の反逆」を「討伐」するという立場から詳述し、最後に、この事件で「英霊」となった二一名の軍人と六名の警察官の名を記載すると同時に、「霧社事件の元凶モウナルダオ」を含む三名の先住民の写真を掲載している。

†護るべき「国」と植民地帝国

『靖国神社忠魂史』全五巻は、このように、**植民地支配のための日本の戦争を栄光の戦争として顕彰し、靖国神社の「英霊」たちを、植民地帝国確立のための「尊い犠牲」として顕彰し、顕彰している**点で、きわめて貴重な資料といえる。アジア太平洋戦争と日中戦争を中心とする「戦争」イメージでは、それ以前にあった植民地獲得のためのこうした無数の戦争がどうしても背景に退いてしまう。ほとんど知られていないといっても過言ではない。靖国神社の死者の圧倒的多数を占めるアジア太平洋戦争期の「英霊」たちは、「国を護る」ために戦死したと言われるが、彼らが護ろうとした国とは、それ以前の多くの戦争によって構築された植民地帝国にほかならなかったのであり、それ自体が日本軍のアジア侵略の産物にほかならなかったのである。

ちなみに、一九七二年に靖国神社社務所が発行した『靖国神社略年表』も参照しつつ、これら植民地支配のための日本軍戦死者の合祀を確認しておこう。

一八七五年二月二一日の招魂式で、「**台湾出兵**の戦没者」一二人が合祀された（第四回合祀）。一八七六年一月二六日の招魂式で、「**江華島事件**の戦死者」一人が合祀された（第六回合祀）。一八八二年一一月五日の招魂式で、「**朝鮮京城事件**」（壬午の変）の「遭難者」一二人が合祀された（第一二回合祀）。一八八五年五月五日、「**朝鮮京城事件**」（甲申の変）の戦死者六人が合祀された（第一五回）。

続いて、一八九六年五月五日、一一月五日、九八年一一月四日、九九年五月五日、同一一月五日、「日清戦役ならびに**台湾・朝鮮**における戦死者」総計一〇二四人の合祀（第二三回、第二四回、第二五回、第二六回、第二七回）。一九〇〇年五月五日、「**暴徒討伐中の台湾守備隊戦没者**」一人の合祀（第二八回）。一九〇一年一〇月五日、〇四年五月五日、日清戦役、北清事変および「**暴徒討伐中の台湾守備隊**戦死者」総計四四四人（第二九回、第三〇回）。一九〇九年五月四日、一〇年五月五日、「**韓国暴徒鎮圧事件**の死没者」一五九人の合祀（第三五回、第三六回）。一九一一年五月四日、「**朝鮮暴徒事件**の死没者」二七人および「**台湾における擾乱鎮定討伐**中の死没者」六〇四人の合祀（第三七回）。一九一三年一〇月一二日、一五年四月二七日、「**台湾における擾乱鎮撫**の際の死没者」総計一三一人の合祀（第三八回、第三九回）。一九二〇年四月二七日、「**満州鄭家屯事件**の戦没者」一一人の合祀（第四一回）。一九二一年四月二七日、「**台湾における擾乱鎮撫**の際に死没せる警察官」一三人の合祀（第四二回）。一九三二年四月二七日、「**台湾霧社事件**の死没者」二八人の合祀（第四六回）。

†「英霊」という名の捕囚

靖国神社と日本植民地主義の関係を示すもう一つの重大な事実は、旧植民地出身の合祀者の存在である。靖国神社が公表しているところによれば、二〇〇一年一〇月現在で、台湾出身の合祀者が二万八八六三人、朝鮮出身の合祀者が二万一一八一人。これだけでも、合わせて約五万人の旧植民地出身者が、靖国神社に「護国の神」として祀られているのである。

これらの合祀者の大半は、アジア・太平洋戦争が激化するにつれて、朝鮮・台湾から日本軍の軍人軍属として戦時動員された人々であるが、『靖国神社忠魂史』全五巻の冒頭に、当時の靖国神社宮司・賀茂百樹が寄せた序文（一九三五年七月）にもすでに、「之を祭神の郷里から見ますれば、汎《ひろ》く全国各町村に亘《わた》り、已《すで》に台湾朝鮮に於ける同胞も合祀せられているのであります」とあることは注目に価する。

要するに、靖国神社には、台湾・朝鮮の植民地支配と弾圧の加害者として戦死した日本人と、日本人による植民地支配の被害者であった台湾人・朝鮮人とが、まったく同格の「護国の神」として合祀されているのである。これが、植民地支配の被害を実感する台湾・朝鮮の遺族にとって、屈辱的でないはずはない。

朝日新聞（一九七八年四月一六日）の報道によれば、一九七七年夏、靖国神社は、来日したある台湾人に、台湾出身の軍人軍属戦没者二万七八〇〇人の合祀通知書を、遺族に配布するように託した。神社側の意図とは逆に、これがきっかけとなって旧植民地出身者の合祀が問題化することになる。一九七八年二月、合祀通知書のことを知った在日台湾人が東京で開かれた集会で、「赤紙一枚で日本の戦争にかり出されて死んだ同胞に補償もせず、白紙［合祀通知書］一枚で処理されるなんてとんでもない」と、台湾出身者の合祀取り下げを訴えた。同年に来日した台湾高雄市在住の雑貨商は、「父は軍属として引っぱられたまま帰らず、フィリピンで戦死したというが、戦死公報さえ来なかった。一九七〇年に靖国神社に合祀された、という証明書をもらった。しかし、半強制的に連れて行かれて恨みを持って死んだ父は、異民族の宗教である靖国神社に勝手にまつられて、恨んでいるだろう。台湾人をこんな風に侮辱するのはやめてほしい」と怒りをぶちまけた。

翌一九七九年二月、台湾「高砂族《たかさご》」の遺族代表団七人が来日し、靖国神社に対して初めて合祀の取り下げを求めたが、靖国神社側はこれを拒否した。

靖国神社が合祀の取り下げ＝合祀「絶止」を拒否する理由は、当時の池田良八権宮司の次の言葉に示されている。

> 戦死した時点では日本人だったのだから、死後日本人でなくなることはありえない。日本の兵隊として、死んだら靖国にまつってもらうんだという気持ちで戦って死んだのだから、遺族の申し出で取り下げるわけにはいかない。内地人と同じように戦争に協力させてくれと、日本人として戦いに参加してもらった以上、靖国にまつるのは当然だ。台湾でも大部分の遺族は合祀に感謝している。
>
> （朝日新聞、一九八七年四月一六日）

以後、靖国神社は、韓国人遺族からのそれをも含めて、旧植民地出身者の合祀取り下げを一貫して拒絶し続けている。

この言葉を見るかぎり、靖国神社の植民地主義的本質は戦後何十年が経過しても何ら変わっていない、と言わざるをえない。「戦死した時点では日本人だった」という理由で、旧植民地出身のすべての戦死者は、永遠に植民地統治下の「日本人」として宗主国の「捕囚」であり続けることになる。「内地人と同じように**戦争に協力させてくれ**と、日本人として戦いに参加してもらった」というのだが、これほど独善的で傲慢な論理もないであろう。それは、植民地支配者が被支配者に対して持つ独善と傲慢以外のなにものでもない。

二〇〇一年六月、韓国の遺族五五人が「合祀絶止」を求めて、東京地方裁判所に訴えを起こした。この裁判の訴状には、自国に対する侵略と植民地支配の「首謀者および積極参加者とともに」、侵略した国の「護国の英霊」として親族が祀られている現状は耐え難い屈辱だ、とある。靖国神社と日本は、植民地から「半強制的に」戦争に動員し、戦後長く戦死通知も遺骨の返還も行なわず、遺族の知らぬ間に一方的に合祀した人々の合祀取り下げを拒否してきたのみならず、そうした植民地支配の被害者を、加害者と一緒くたにして日本の「神」として祀り続けているのだ。

第三章
宗教の問題
――神社非宗教の陥穽

靖国神社参拝を終え、本殿を後にする小泉純一郎首相。2003年1月14日撮影
（毎日新聞社提供）

†感情の問題、再び

旧植民地出身者の遺族からの合祀《ごうし》取り下げ要求を拒否する理由として、池田権宮司は次のように述べていた。「日本の兵隊として、死んだら靖国にまつってもらうんだという気持ちで戦って死んだのだから、遺族の申し出で取り下げるわけにはいかない」。

この発言には、戦没者祭祀施設としての靖国神社の本質がはっきりとあらわれている。いわゆる靖国派の人々は、靖国神社こそ日本の戦没者追悼の中心施設だという。しかし、「追悼」とはなにか。それは文字通り、死者の死を、後から「追」って「悼《いた》」むことにほかならない。ところで、死者の死を真っ先に悼む者、追悼する権利を持つものは、なんといってもまず遺族であろう。一般に、遺族が遺族として死者を追悼する権利を否定することは誰にもできない。「A級戦犯」の公的追悼については議論がある。しかし、「A級戦犯」であっても、遺族がその死を私的に追悼することについては、誰もその権利を否定することはできない。ドイツで、ヒトラーを公的追悼の対象とすることは不可能であろう。しかし、ヒトラーの場合でさえ、もし遺族がいたとしたら、遺族がその死を私的に追悼するのを禁止することは誰にもできないだろう。

家族の追悼に関して、特権的立場に立つ遺族が、死んだ家族が特定の公的追悼の対象とされることを拒否したらどうなるのか。遺族が、死んだ家族を深く「悼む」からこそ、死者が特定の集団によって追悼対象とされることを拒みたい、拒否したいと思ったら、どうなるのか。靖国神社はこのような遺族の思い、遺族の感情をにべもなく無視する。靖国への合祀は「遺族の申し出で取り下げるわけにはいかない」というのだ。

これは、旧植民地出身者に限ったことではない。合祀絶止の要求は、旧植民地出身者の遺族より先に日本人遺族から出された。一九六八年、プロテスタントの角田三郎牧師は、遺族として「明治以来初めて」、靖国神社にふたりの兄が祀られているのを取り消してほしいと「霊璽簿抹消要求」を行なったが、拒否された。その後も「キリスト者遺族の会」として、合祀絶止を求めてきたが、靖国神社は拒否しつづけている。

角田牧師に対する靖国神社の回答は「当神社御創建の趣旨及び伝統に鑑《かんが》み到底御申出に沿うことは出来ません」というものであった。牧師との話し合いの席で、池田権宮司が、「天皇の意志により戦死者の合祀は行われたのであり、遺族の意志にかかわりなく行われたのであるから抹消をすることはできない」と言明したことも明らかにされている（角田三郎『靖国と鎮魂』一九七七年）。

要するに、靖国神社の論理によれば、合祀はもっぱら「天皇の意志」により行なわれたものであるから、いったん合祀されたものは、「A級戦犯」であろうと、旧植民地出身者であろうと、誰であろうと、遺族が望んでも決して取り下げることはできない。遺族の感情は無関係であり、完全に無視するということなのだ。

この「天皇の意志」がどんなものかを見ておこう。次に示すのは、東京招魂社を「靖国神社」と改称し、「別格官幣社」に格付けした際の「祭文」（一八七九年六月二五日）である。

天 皇《すめらみこと》の大命《おおみこと》に坐《ま》せ、此の広前《ひろまえ》に式部助《しきぶのすけ》兼一等掌典《しょうてん》正六位丸岡完爾《かんじ》を使《つかい》と為《なし》て、告げ給はくとも白《もう》さく。掛けまくも畏《かしこ》き畝傍《うねび》の橿原宮《かしはらのみや》に肇国知食《はつくにしろしめ》し天 国《あまつくに》の御代《より》、天日《あまつひ》嗣高御座《つぎのたかみくら》の業《わざ》と知食《しろしめ》し来《きた》る食国天下《おこくあまつした》の政《まつり》の衰頽《おとろい》たるを古《いにし》へに復し給ひ、明治元年と云ふ年より以降《このかた》、内外《うちと》の国の荒振《あらぶ》る寇等《あだども》を刑罰《うちきた》め、服《まつろ》はぬ人を言知《ことやわ》し給ふ時に、汝命等《なんじみこと》の赤き直《なお》き真心を以《も》て、家を忘れ身を擲《なげう》て、名も死亡せにし其の大き高き勲功に依りてし、大皇国《おおすめらくに》をば知食す事ぞと思食《おぼしめ》すが故に、靖国神社と改《あらた》め称《とな》へ、別格官幣社と定め奉りて、御幣帛《みてぐら》奉り斎《いわ》ひ奉らせ給ひ、今より後弥遠永《のちいやとおなが》に、怠《おこた》る事無く祭給はむとす。故是の状《さま》を告げ給はくと白《もう》し給ふ天皇の大命を聞食《きこしめ》せと、恐《かしこ》み恐みも白《もう》す。

わかりやすく「翻訳」してみれば、こうなるだろうか。明治維新より今日まで、天皇が内外の国の暴虐なる敵たちを懲らしめ、反抗するものたちを服従させてきた際に、お前たちが私心なき忠誠心を持って、家を忘れ身を投げ捨てて名誉の戦死を遂げた「大き高き勲功」によってこそ、「大皇国」を統治することができるのだ、と思し召したがゆえに、（中略）今後、お前たちを永遠に「怠る事無く」祭祀することにしよう、と。

見られるとおり、ここには戦死者の遺族への哀悼も共感も一切存在しない。ただ、天皇の軍隊の一員として敵と戦って戦死した者たちの「大き高き勲功」を讃え、永遠にそれを顕彰《けんしょう》するとの「意志」が見られるのみである。

第一章で見た、「母一人子一人の愛児をお国に捧げた誉《ほま》れの母」たちは、「うちの子は天子様に差し上げた子でねえだか」、「私らがような者に、陛下に使ってもらえる子を持たしていただいてな、ほんとうにありがたいことでございますわいな」と述べていた。高神覚昇は『靖国の精神』で、「忠霊の遺族」に向けて、日本国民は「身体も、生命も、みんな上御《かみご》一人《いちにん》からお預りしている」のであって、息子や夫が戦死した遺家族は「陛下からお預りになっていたものを御返しになった」のだから、悲しむべきでなく喜ぶべきだ、と訴えていた。日本国民はすべて天皇の「赤子」だとする考え方のもとでは、天皇が日本軍＝「皇軍」兵士の死を悲しみ、悼むことがあったとしても、それはあくまで自らの「赤子」を失ったかぎりのことであって、遺族の悲しみ、遺族の感情とはまったく無関係なのである。「皇軍」兵士がもともと家族のものではなく天皇のものだとすれば、遺族の意志より「天皇の意志」が優先して、靖国に祀るのは「当然」となるであろうし、いったん祀ったら「遺族の申し出で取り下げるわけにはいかない」となるであろう。**「天皇の意志により戦死者の合祀は行われたのであり、遺族の意志にかかわりなく行われたのである」**という池田権宮司の発言によくよく注意しなければならない。もしそうであるとするなら、無視されているのは合祀絶止を求める遺族の意志・感情だけではない。戦死した家族の合祀を求める遺族の意志・感情も、いわば**たまたま**「天皇の意志」に合致しているにすぎないのである。**本質的には、**無視されていることに変わりはないのだ。

つまり、靖国神社は本質的に遺族の意志・感情を無視する施設である。それが尊重するのは「天皇の意志」のみである。靖国神社への合祀を名誉と感じる人々の遺族感情が尊重されているように見えるのは、それがたまたま「天皇の意志」に結果として合致しているからであり、いずれにせよ靖国神社は、「天皇と国家のために戦争で死ぬことは名誉である」、「戦場で死ぬことは幸福である」という感情を押しつけてくるのである。

靖国神社はこうして、明治天皇の勅命によって創建された「天皇の神社」としての本質を、敗戦後六〇年が経過した今も変わらず維持しつづけている。植民地主義にせよ、天皇制にせよ、靖国神社は旧日本帝国のイデオロギーがそのまま生き続けている場所なのだ。

これは、合祀絶止を求める遺族にとってあまりにも不条理なことである。旧植民地出身者の遺族であれ、日本の遺族であれ、このような場所に親族が「神」として祀られていることに耐え難い苦痛を覚える遺族の絶止要求は、当然満たされなければならない。韓国の遺族五五人が合祀絶止を求めて訴えた裁判が、どのような結果になるかはまったく予断を許さない。仮に合祀絶止を命じる判決が出たとして、それが宗教への公権力の――行政権力ではなく司法権力の――介入ということになるのかどうかについても議論の余地がある。いずれにせよ、この問題についても、靖国神社自らが遺族の絶止要求に応じることが最良の解決策といえるだろう。

†政教分離問題

ありそうもないことだが、靖国神社が遺族の合祀絶止要求にすべて応じたとしよう。また、これもありそうにないことだが、すでに「A級戦犯」分祀に応じているとしてみよう。よくいわれる表現を使えば、靖国神社に「わだかまりなく」参拝する人は増えるであろう。小泉首相のような靖国参拝にこだわる日本の首相にとっては、参拝の環境整備が進んだことになるであろう。しかし、まだもっとも重要な問題のひとつが残っている。日本国憲法の政教分離規定にかかわる問題がそれである。

日本国憲法第二〇条には、こう定められている。

①信教の自由は、何人に対してもこれを保障する。いかなる宗教団体も、国から特権を受け、又は政治上の権力を行使してはならない。
②何人も、宗教上の行為、祝典、儀式又は行事に参加することを強制されない。
③国及びその機関は、宗教教育その他いかなる宗教的活動もしてはならない。

この第二〇条、とりわけ「国及びその機関」に「いかなる宗教的活動も」禁止した第三項と、宗教活動への公金の支出を禁止した第八九条とをあわせて、一般に政治と宗教が結びつくことを禁止した「政教分離」規定とされる。これによれば、特定の宗教団体、したがって靖国神社のような「宗教法人」が国と特別の関係に入ることは、許されないことになる。この憲法の規定はいうまでもなく、戦前・戦中に神社神道が「国家神道」となって事実上の国教になり、それに対する忠誠が、日本国民、植民地の人も含めて天皇の「臣民」すべてに強制されたことに対する反省から来ている。政教分離は一般に近代国家の原則ともされるが、その現実のあり方には国によってさまざまなバージョンがあり、日本国憲法では特に厳格になっている。首相や天皇の靖国神社公式参拝について、日本の司法がもっとも明確に違憲と断じたのは、一九九一年一月一〇日に出た岩手靖国訴訟・仙台高裁判決においてである。これは、岩手県議会が天皇と首相の公式参拝を求める決議を出したことなどに対して、岩手県の住民が起こした訴訟で、仙台高裁は次のような判断を下したのである。

天皇、内閣総理大臣の靖国神社公式参拝は、その目的が宗教的意義をもち、その行為の態様からみて国又はその機関として特定の宗教への関心を呼び起こす行為というべきであり、しかも、公的資格においてなされる右公式参拝がもたらす直接的、顕在的な影響及び将来予想される間接的、潜在的な動向を総合考慮すれば、公式参拝における国と宗教法人靖国神社との宗教上のかかわり合いは、我が国の憲法の拠って立つ政教分離原則に照らし、相当とされる限度を超えるものと断定せざるをえない。

したがって、右公式参拝は、憲法二〇条三項が禁止する宗教的活動に該当する違憲な行為といわなければならない。

［中略］

天皇の公式参拝は、内閣総理大臣のそれとは比べられないほど、政教分離の原則との関係において国家社会に計りしれない影響を及ぼすであろうことが容易に推測されるところである。

これに対して、被告・国は最高裁に特別抗告をしたが却下され、仙台高裁判決は確定した。中曾根首相の公式参拝に対しては、ただちに三カ所で違憲訴訟が起こされ、九〇年代はじめに確定判決が出ている。そのうち播磨靖国訴訟の高裁判決（一九九三年三月一八日）のみは、憲法判断に踏み込まずに確定したが、九州靖国訴訟の福岡高裁判決（一九九二年二月二八日）は、「公式参拝を継続すれば違憲」であるとし、関西靖国訴訟の大阪高裁判決（一九九二年七月三〇日）は、公式参拝を「違憲の疑いがある」と判断した。三つの確定判決のうち二つが違憲判断に傾き、いずれにせよ、合憲判断を下したものはひとつもない結果であった。

首相の参拝についてではないが、靖国神社をめぐる政教分離訴訟でもっとも有名なのは愛媛玉串料《たまぐしりよう》訴訟である。

一九九七年四月二日、愛媛県議会が知事の靖国神社参拝の際の玉串料の費用を、何年にもわたりあわせて十数万円支出していたことの違憲性が問われた裁判で、最高裁判所大法廷は一三対二で、憲法違反だという判決を下したのである。なぜか。判決文によれば、「地方公共団体が、特定の宗教団体に対して、本件のような形で特別のかかわりを持つことは、一般人に対して、県が特定の宗教団体を特別に支援しており、それらの宗教団体が他の宗教団体とは異なるとの印象を与え、特定の宗教への関心を呼び起こすものといわざるをえない」からである。

靖国神社に対して、愛媛県知事がわずか十数万円の玉串料を支出してさえそうなのだから、首相の公式参拝は、はるかにそうだといわざるをえない。それは国際的な注目を浴びるので、「国」すなわち日本政府と「特定の宗教団体」靖国神社が特別の関係にある、という印象を全世界に与えてしまうことになるだろう。

†首相の私的参拝？

こうした最高裁、高裁レベルの確定判決が存在するにもかかわらず、二〇〇一年夏、小泉首相は次のように述べながら靖国神社参拝を行なった。「戦没者にお参りすることが、宗教的活動といわれればそれまでだが、靖国神社に参拝することが憲法違反だとは思わない。宗教的活動だからいいとか悪いとかいうことではない」（二〇〇一年五月一四日、衆議院予算委員会での小泉首相の発言）。

戦没者をお参りすることが宗教的活動だといわれれば「それまでだ」といったん認めておきながら、しかし「そうは思わない」というのは矛盾している。全体として憲法擁護義務（憲法九九条）を負う一国の政治指導者のものとは思えない、きわめて没論理的な反応である。「宗教的活動に該当する違憲な行為」である、「継続すれば違憲」である、「違憲の疑いがある」といった司法判断に対して、「憲法違反だとは思わない」とか、「宗教活動だからいいとか悪いとかいうことではない」とか、一方的に断言して靖国参拝を繰り返すのは、三権分立への公然たる挑戦とさえいえるかもしれない。

小泉首相の参拝に対しては、東京・千葉・大阪・松山・福岡・那覇の全国六カ所の地方裁判所に訴訟が起こされている（大阪地裁に二件）。原告たちの目的は、いずれも首相参拝が憲法違反であることの司法判断を引き出して、今後の参拝を差し止めることにあるのだが、この種の訴訟は違憲確認を直接の目的として行なうことはできず、首相参拝によって原告たちの権利ないし利益が具体的に侵害されたかどうかが、形式上は勝訴・敗訴の分かれ目となる（首相および天皇の公式参拝は「違憲」と断定した先述の仙台高裁判決も、中曽根首相の参拝について「違憲の疑いがある」と述べた大阪高裁判決も、「継続すれば違憲」と述べた福岡高裁判決も、原告の賠償請求はいずれも棄却されており、形の上では原告敗訴に終わっていた）。しかし、原告たちの目的はあくまで憲法判断を得ることにあるから、仙台高裁判決も主文では敗訴していたが、明確な「違憲」判断を得た原告たちは、「最高の判決だ」として上告しなかったのである。

これら七件の小泉靖国参拝訴訟のうち、二〇〇五年三月現在、六つの地裁判決が出されており、原告たちの権利あるいは利益侵害の国家賠償請求については、いずれも訴えが斥けられている。問題は、首相参拝に関する司法判断である。

最初の大阪地裁判決（二〇〇四年二月二七日）は、小泉参拝を「総理大臣としての参拝」すなわち公式参拝として認めたが、にもかかわらず憲法判断は回避した。松山地裁判決（二〇〇四年三月一六日）は、憲法判断のみならず、小泉参拝が公式参拝であるか否かの認定も回避した。二つ目の大阪地裁判決（二〇〇四年五月一三日）は、総理大臣の「地位にともなう行為」として参拝行為の公的性格は認めたものの、国家賠償法上の「職務を行うについて」の「職務」には当たらないと述べた。千葉地裁判決（二〇〇四年一一月二五日）は、首相の参拝は「職務行為に該当する」として公式参拝であることを認めたが、憲法判断は回避した。那覇地裁判決（二〇〇五年一月二八日）は、松山地裁判決と同様、参拝が公的か私的かの判断すら回避した。これらに対して、福岡地裁判決（二〇〇四年四月七日）は、首相の靖国参拝に関してあえて憲法判断に踏み込み、明確な「違憲」判断を下した点において画期的であった。

福岡地裁判決は、「第三　当裁判所の判断」の「(三) 本件参拝の違憲性について」の冒頭で、おおよそこう述べている。「憲法が禁ずる「宗教的活動」とは、国及びその機関の活動で、行為の目的が宗教的意義を持ち、その効果が宗教への援助・助長・促進、または圧迫・干渉になるような行為をいうと解すべきだ。この点から行為の場所、行為者の意図や目的、一般人に与える効果や影響などを考慮し、社会的通念にしたがって客観的に判断しなければならない」。これは、津地鎮祭訴訟の最高裁判決（一九七七年七月一三日）において示された「目的・効果基準」といわれるもので、従来から政教分離訴訟の一般的判断基準とされてきたものだが、福岡地裁判決もこれに従ったのである。こうして判決は、次のように述べる。

靖国神社は、神道の教義を広め、春秋の例大祭や合祀祭等の儀式行事を行い、信者を教化育成することを主たる目的とし、拝殿、本殿等の礼拝施設を備える神社であって、宗教団体（憲法二〇条一項後段、宗教法人法二条）に該当するものであり、同法に基づいて設立された宗教法人である。

本件参拝は、このような靖国神社の本殿等において、一礼して祭神である英霊に対して畏敬崇拝の心情を示すことにより行われた行為であるから、靖国神社が主宰するものでも神道方式に則った参拝方式でもなく、また、靖国神社に合祀されている戦没者の追悼を主な目的とするものではあっても、宗教とのかかわり合いをもつものであることは否定することができない。
また、本件参拝当時、内閣総理大臣が国の機関として靖国神社に参拝することについては、他の宗教団体からだけではなく、自民党内及び内閣内からも強い反対意見があり、国民の間でも消極的意見が少なくなかった。こうした中で、被告小泉に、内閣総理大臣として靖国神社に参拝する強い意思を有していることがうかがわれたことからすれば、単に社会的儀礼として本件参拝を行ったとは言い難く、また、国の機関である内閣総理大臣としての戦没者の追悼は、靖国神社への参拝以外の行為によってもなし得るものである。
靖国神社が特に戦没者のうち軍人軍属、準軍属のみを合祀の対象とし、空襲による一般市民の戦没者などは合祀の対象としていないことからすれば、内閣総理大臣として第二次世界大戦による戦没者の追悼を行う場所としては、宗教施設たる靖国神社は必ずしも適切ではないというべきであって、［中略］
それにもかかわらず、既に本件参拝を含めて四回も内閣総理大臣として靖国神社に参拝している事に照らせば、憲法上のこと及び国民又は諸外国からの批判等があり得ることを十分に承知しつつ、あえて自己の信念あるいは政治的意図に基づいて本件参拝を行ったものというべきである。

そして、本件参拝は、将来においても継続的に参拝する強い意志に基づいてなしたものであること、本件参拝直後の終戦記念日には、前年の二倍以上の参拝者が靖国神社に参拝し、閉門時間が一時間延長されたことなどからすれば、本件参拝によって神道の教義を広める宗教施設である靖国神社を援助、助長、促進するような効果をもたらしたというべきである。

以上の諸事情を考慮し、社会通念に従って客観的に判断すると、本件参拝は、憲法上の問題があり得ることを承知しつつされたものであって、憲法二〇条三項によって禁止されている宗教的活動に当たると認めるのが相当である。

（読売新聞、二〇〇四年四月七日夕刊）

小泉首相の没論理的な参拝の弁の弱点を厳しく突く認識がここには示されている。たとえば、裁判で小泉首相側は「私的参拝」であると主張してきたし、福岡地裁判決後も首相自ら「私人としての参拝だ」と述べているが、判決が指摘するように、首相は「私が首相であるかぎり毎年靖国神社に参拝する気持ちに変わりはない」とも発言している。自民党総裁選挙で、「私が首相になったら」八月一五日に靖国神社に参拝すると公約し、「私が首相であるかぎり」参拝を続けると述べる首相の参拝が、「私的」で個人的な参拝でありえないことは誰の目にも明白だ。また判決は、「戦没者の追悼は靖国神社への参拝以外の行為でもなしうる」と述べている。事実、一九六五年以来今日まで、八月一五日には日本武道館で政府主催の「全国戦没者追悼式」が行なわれ、天皇・皇后、首相も列席している(大戦後、政府主催の「全国戦没者追悼式」は、一九五二年五月二日に新宿御苑で行なわれたのが最初で、一九六三年には八月一五日に日比谷公会堂で、また翌年八月一五日には靖国神社境内で行なわれている)。この式典も、戦没者追悼のありかたとしていくつも問題点を含んでいるが、少なくとも特定の宗教法人とのかかわりが一切存在しない点、また政府が「先の大戦」(一九三七年以降一九四五年まで)における軍民あわせた「日本人」死者数として認める三一〇万人全体を追悼対象としており、「空襲による一般市民ら」をも排除していない点で、「国民的」な戦没者追悼儀礼としては、靖国神社参拝よりもはるかに一般性を持つことは明らかである。福岡地裁判決はこうした点を考慮して、小泉首相の参拝は「政治的意図」に基づくもので、「内閣総理大臣の地位にある被告小泉」が「将来においても継続的に参拝する強い意志に基づいてなしたもの」と判断したわけである。

†存在しない「合憲判決」

福岡地裁判決で特に注目されるのは、原告の損害賠償請求を斥けながら、あえて参拝の違憲性について判断した点にかんして「異論」の存在を予想しながら、次のように述べていることである。

現行法下では、本件のように憲法二〇条三項に反する行為があっても、違憲性だけを確認したり、行政訴訟で是正したりする方法はなく、原告が違憲性を確認する手段は、損害賠償請求訴訟の形を借りるしかなかった。

一方で、靖国参拝に関しては、数十年前から合憲性が取りざたされ、歴代の内閣総理大臣も慎重な検討を重ねてきた。中曽根康弘元首相の参拝時の訴訟で大阪高裁は、憲法違反の疑いを指摘、常に国民的議論が必要だと認識されてきた。

小泉首相の参拝は、合憲性について十分な議論がないまま行われ、その後も繰り返された。

今回、裁判所が違憲性の判断を回避すれば、今後も同様の行為が繰り返される可能性が高く、当裁判所は違憲性の判断を責務と考えて判示した。（同上）

「戦没者にお参りすることが、宗教的活動といわれればそれまでだが、靖国神社に参拝することが憲法違反だとは思わない」、「宗教的活動だからいいとか悪いとかいうことではない」などと一方的に主張して靖国参拝を繰り返す小泉首相に対して、福岡地裁判決は、三権分立の趣旨から、あえて憲法判断に踏み込んで、違憲の判断を下した。亀川清長裁判長は、判決後の右翼からの攻撃などを予想して、遺書を書いて判決に臨んだともいう。これに対して小泉首相は、福岡地裁判決の当日、「理解できない」「わかりません」を一六回も繰り返し、それでも「首相であるかぎり」参拝を続けると述べている。

これまでの政教分離裁判では、首相の靖国参拝に関するかぎり、原告の国家賠償請求が認められた例はひとつもない。今後もこの点は容易には変わらないであろうし、小泉靖国参拝訴訟において、これから次々に下されるであろう判決においても、憲法判断に抑制的な裁判所の傾向は変わらないであろう。しかし、見方を変えれば、これまでのところ、首相の靖国参拝に関して「合憲」と認定して確定した判決はひとつも存在しないのである。逆に、岩手靖国訴訟の仙台高裁判決や、小泉靖国参拝訴訟の福岡地裁判決が、明確に「違憲」と認定し、中曾根靖国参拝訴訟の大阪高裁判決も、「違憲の疑い」と認定して確定している（岩手靖国訴訟の盛岡地裁一審判決は、事実上「合憲」と認定したが、仙台高裁判決で覆された）。「合憲」の確定判決がひとつもなく、「違憲」の確定判決が複数存在するという事態は、首相や天皇の靖国神社公式参拝を定着させたい人々にとって頭が痛いにちがいない。

改憲か非宗教化か

こうした中で、公式参拝を定着させたい人々が取りうる選択肢は、ほぼ次の二つに集約できよう。

①憲法の政教分離規定を「改正」する。
②靖国神社を宗教法人でなくする。

現行憲法下では、首相や天皇の靖国神社参拝がつねに司法によって「違憲」と断ぜられる可能性があるとすれば、公式参拝を定着させたい人々のなかから、首相や天皇が参拝しても違憲となるおそれがないように、憲法を「改正」してしまえばよいという考えが出てきても不思議ではない。

福岡地裁の「違憲」判決からほぼ二カ月後の二〇〇四年六月一〇日、自由民主党憲法調査会の「憲法改正プロジェクトチーム」が、「わが党が志向するあるべき新憲法の全体像を示す」として自民党憲法草案の「論点整理」を公表した。その「II　各論」の「四　国民の権利及び義務」の中で、「見直すべき規定」とされているものの中に次の一文が登場する。「政教分離規定（現憲法二〇条三項）を、わが国の歴史と伝統を踏まえたものにすべきである」。この見直し案が、天皇の代替わり行事などとともに、首相や天皇の靖国神社参拝を「合憲」化することを狙いとするものであることは、容易に想像することができるであろう。

このような憲法改正論は、実は決して最近はじめて出てきたものではない。一九七〇年代に稲葉法務大臣は、靖国神社国家護持を狙いとして、現憲法の政教分離規定はGHQ（連合国軍総司令部）によって押しつけられたものでわが国にはふさわしくない、との見解を表明していた。自民党「論点整理」の「I 総論」にも「わが国の憲法として守るべき価値」として、「現憲法の制定時、連合国軍最高司令官総司令部の占領下においておきざりにされた歴史、伝統、文化に根ざしたわが国固有の価値（すなわち「国柄」）」が挙げられている。GHQの発した「神道指令」（一九四五年一二月一五日）によって、「国家神道」が廃止され、靖国神社が国家管理から離れて一宗教法人としてのみ存続することを許されたことに反発する人々は、現憲法の政教分離規定そのものを敵視してきたのである。

では、この場合、どのような憲法改正案が考えられるだろうか。政教分離規定そのものを廃止することは論外であろう。それは、国家が特定の宗教・宗派と自由かつ全面的に結びつくことを可能にし、「国家神道」の復活にもつながりかねないから、宗教界のみならず各界から強い反発を招くであろう。自民党「論点整理」の文も、政教分離規定そのものを廃棄しようとするものには見えない。

とすれば、政教分離の原則はどういうことになるのか。政教分離の原則は維持しつつ、首相や天皇の公式参拝をその例外として「合憲」化しようというのであろうか。自民党・憲法改正プロジェクトチームでは、靖国神社参拝を「わが国の歴史と伝統」に基づく「戦没者追悼」の「国家儀礼」として、憲法が禁ずる「宗教的活動」から除外するという案が出ているという(毎日新聞、二〇〇四年五月三〇日など)。

しかし、靖国神社は現在、宗教法人法に基づく単立の宗教法人である。国が一宗教法人との関係を特別視し、それを政教分離原則の例外とみなすとしたら、それこそ政教分離原則が禁止しようとする政教癒着そのものであり、政教分離そのものの否定にほかならない。政教分離原則に例外を求めることは、原則そのものの破壊になってしまうのである。

そして、まさにここで出てくるのが、靖国神社を宗教法人でなくするという第二の選択肢である。

靖国神社が宗教法人であるかぎり、靖国参拝は「国家儀礼」であるといっても、それがまた国家と宗教との癒着になってしまう。そうならないためには、靖国神社自体を宗教法人でなくして非宗教化することが必要となる。政教分離そのものを廃止するような憲法改正案は論外である。靖国神社参拝を「国家儀礼」として、政教分離原則の例外とするような憲法改正案は、靖国神社自体を宗教法人でなくして非宗教化しなければ成り立たない。①は②を必要とする。しかし実を言うと、②が可能であれば①は不要となる。なぜなら、靖国神社を宗教法人でなくして非宗教化してしまえば、現憲法下でも参拝は政教分離違反にならないだろうし、首相が行なっても天皇が行なっても憲法違反にはならないだろうからである。

先に言及した九九年の記者会見で、野中官房長官は、A級戦犯の人に責任を負ってもらうと述べた後、「靖国神社はできれば宗教法人格をはずして純粋な特殊法人とし、宗教を問わずに国民全体が慰霊できるようにする」と発言している。憲法改正をしなくても、あるいはそれができなくても、靖国神社を宗教法人でなくして「純粋な特殊法人」にすれば問題は解消するように見える。しかし、はたしてそうだろうか。

†靖国神社の特殊法人化は何を意味するか

靖国神社を「特殊法人」化して憲法上の政教分離原則をクリアーしようとする試みは、かつて大々的に行なわれて失敗に終わっている。一九六八年、七〇年、七一年、七二年、七三年と五回にわたって自民党が国会に提出し、野党や宗教界等の激しい反発にあって結局廃案になった靖国神社国家護持法案がそれだ。

靖国神社はその創設以来、陸軍省・海軍省所管の国家機関であった。敗戦後、GHQが発した「神道指令」によって国家神道の解体と政教分離の導入が図られると、靖国神社は単立の宗教法人として存続する道を選択した（一九四六年九月）。しかし、日本遺族会が一九五六年一月、靖国神社の「国家護持」要求、すなわち国家が靖国神社を管理運営する体制にすべきだという要求を決議すると、自民党はそれを受けてただちに「靖国社法草案要綱」なるものを発表した（同年三月）。「五十五年体制」発足直後、対抗する位置にあった当時の社会党も「靖国平和堂に関する法律案要綱」を発表する（同上）。靖国神社自身、「靖国神社法案大綱」（五七年）を発表する。これらはいずれも靖国神社から宗教法人格をはずして国営化しようとする点で一致していた。

まず、第一条に記された「目的」を比べてみよう。

自民党案
第一条　靖国社は、**国事に殉じた**人々を奉斎し、その**遺徳を顕彰**し、もって国民道義の高揚を図るとともに恒久の平和の実現に寄与することを目的とする。

社会党案

第一条　この法律は、**殉国者の遺徳を顕彰**し、これを永久に記念するため、靖国平和堂を設け、式典その他の行事を行い、もって殉国者に対する国民の**感謝と尊敬**の念をあらわすとともに恒久平和の実現に資することを目的とする。

靖国神社案

一　立法の目的

国に殉じた人々に対する国及び国民の**感謝と尊敬**の至誠を表示する為、その由緒及び伝統を保有する靖国神社の独特の地位及び活動を、永遠に保障し護持することを目的とする。

「英霊」の語は宗教性を帯びざるをえないので使われていない。自民党案は「靖国神社」の「神」をはずして「靖国社」とし、社会党案は「靖国平和堂」として「神社」の性格を薄め、靖国神社案では「靖国神社」のままだが「宗教法人法による法人でなくこの法律による法人となる」と明記して、非宗教法人化を示そうとしている。自民党案は第二条で「非宗教性」を定めてさえいる。

自民党案

第二条　靖国社は、宗教的教義を流布し、信者を募り、これを教化育成してはならない。

②靖国社は、神札授与、賽銭箱の施設等をしてはならない。

にもかかわらず、「目的」は敗戦前の靖国神社のそれとまったく変わっていない。どの案も戦死者の「追悼」についてはは一言も触れていないことに注意しよう。問題はまさに、「国に殉じた」戦死者の「遺徳の顕彰」であり、彼らを「感謝と尊敬」の対象として褒め讃えることなのである。

一九六〇年代に入ると、靖国神社国家護持運動はさらに活発化し、東京招魂社創設から百周年となる六九年の六月、自民党は「靖国神社法案」を国会に上程する。

靖国神社法案

第一条　靖国神社は、戦没者及び国事に殉じた人々の**英霊**に対する国民の**尊崇の念**を表わすため、その**遺徳をしのび**、これを**慰め**、その**事績をたたえる**儀式行事等を行い、もってその**偉業を永遠に伝える**ことを目的とする。

目的が「追悼」になく「顕彰」にあることは変わらない。「尊崇の念」や「遺徳をしのび」「事績をたたえ」「偉業を永遠に伝える」といった表現は、「靖国社法草案要綱」よりもむしろ「顕彰」的性格が強まっているという印象を与える。しかも問題なのは、前の案になかった「英霊」を「慰め」るという「慰霊」の観念が登場し、「靖国社」が「靖国神社」に戻って宗教性がかえって前面に出ていることである。

第二条　この法律において「靖国神社」という名称を用いたのは、靖国神社の創建の由来にかんがみその名称を踏襲したのであって、靖国神社を宗教団体とする趣旨のものと解釈してはならない。

第四条　靖国神社は、法人とする。

第五条　靖国神社は、特定の教義をもち、信者の教化育成をする等宗教的活動をしてはならない。

このように、法案は靖国神社に「宗教的活動」を禁止し、それをいかなる「宗教団体」でもない特殊な「法人」として規定しようとするが、所詮これは不可能なことであったと言わざるをえない。靖国神社が靖国神社であるためには「英霊顕彰」の活動を止めるわけにはいかず、したがって春秋の例大祭をはじめとする神道式の祭祀儀式を止めるわけにはいかない。だがそうである以上、それはどんなに強弁しても宗教性を否定することはできないのである。

†宗教法人ではなくても……

皮肉なことに、このことを国家護持推進側の人々にとっても無視できない仕方で明らかにしたのは、衆議院法制局による「靖国神社法案の合憲性」という文書であった。一九七四年四月、五度目の靖国神社法案を自民党が衆議院内閣委員会で強行採決し可決させた直後に出されたこの文書は、「靖国神社法案の合憲性」を担保しようとする方向性をもちながら、実際には、法案が合憲になるための条件を列挙して、靖国神社の伝統的な祭祀儀式の根本的な変更が不可避であることを認識させるものとなった。それによれば、靖国神社の非宗教性が担保されるためには、たとえば次のような条件が満たされなければならない。

・信者（崇敬者）の教化その他、おみくじの廃止等も含む布教活動的なものの放棄
・神道を広めることの放棄
・祝詞《のりと》の奏上は英霊に対する感謝の言葉に変える
・降神、昇神の儀の廃止
・修祓《しゅうふつ》の儀の形式変更
・御神楽の形式と意味づけの変更
・拝礼の形式の自由化
・神職の職名の変更
・鳥居その他の物的施設の名称変更

いかに「神社」や「英霊」の語を維持できたとしても、これらの条件を満たしたうえで靖国神社の祭祀儀式を維持することは不可能である。靖国神社自身、このような変更を加えれば「靖国神社は神霊不在、言わば正体不明の施設に堕することは間違いない」と認めざるをえなかった（『靖国』七四年九月号）。こうした経緯の後で靖国神社宮司となった松平永芳は、「国家護持」に「断平反対」を唱え、次のように述べている。

断じて譲れないことが三点あります。

まず、日本の伝統の神道による祭式で御霊をお慰めする。これが一つです。

第二に、神社のたたずまいを絶対に変えない。われわれは「靖国で会おう」「靖国の桜の下で再会しよう」と誓い合って戦地に赴いたのです。そのときのお社の姿、現在の姿ですが、これを変えるわけにはいかない。

［中略］

第三に、社名を変えない。当たり前だと思われるかもしれませんが、「靖国廟」にしろという意見も以前からあったんですね。しかし初めは招魂社、明治十二年に明治天皇様の思召によって「別格官幣社　靖国神社」となった。この社名はどんなことがあっても変えられない。

（『靖国神社をより良く知るために』靖国神社社務所発行、一九九二年）

要するに、靖国神社を憲法に違反せずに国営化するために非宗教化しようとすれば、それはもはや靖国神社ではなくなってしまうのである。

ちなみに言えば、靖国神社が宗教法人であることと宗教団体であることとは同じではない。衆議院法制局見解はこの点についても、宮沢俊義や佐藤功の憲法学説を引き合いに出しながら明確にしている。「宗教団体であるかどうかは、その団体の本質的性格によって決められるべきもので、宗教法人法が適用されるかどうかによって決定されるべきものではない。現に宗教法人法の法人格を取得していない多くの宗教団体が存在することによっても、このことは明らかである」。一九六四年一二月三一日現在の統計では、宗教法人でない宗教団体が神道系、仏教系、キリスト教系、その他合わせて全国に二二万三七一五も存在する。ということは、こういうことになる。**靖国神社は宗教法人格を放棄して特殊法人になったとしても、伝統的な祭祀儀礼を維持するかぎり宗教団体であり、したがって憲法違反を犯さずに国営化することはできない**、と。靖国神社自身が伝統的な祭祀儀礼を変更したり廃止したりすることは想像しがたい。それは靖国神社の自己否定になるからだ。

　靖国神社の特殊法人化は、靖国神社が伝統的な祭祀儀式を維持しようとするかぎり、できない。そしてもしも政府あるいは政治が、立法等によって靖国神社の意思に反して伝統的な祭祀儀式の変更を押しつけたり、特殊法人化を押しつけたりすれば、それはA級戦犯分祀を働きかけるよりもはるかに重大な政治の宗教介入になり、それ自体が憲法上の政教分離原則に違反することになる。先述の野中官房長官発言もその点では問題があり、「英霊に応える会」等が政教分離原則に抵触する違法行為だと批判した。一方で首相や天皇の公式参拝を強く求めている側が、野中発言のようなケースになると突如として政教分離のけではない。

厳格な適用を主張するのは御都合主義的といわざるをえないが、その主張が誤っているわ

†「神社非宗教」論

かつての靖国神社国家護持運動にしても、最近の靖国神社特殊法人化論にしても、自己否定にならずには非宗教化できない靖国神社を、なぜ非宗教化できると考えるのだろうか。戦死者を神として祀り、神道形式で慰霊・顕彰する祭祀儀式を、なぜ、宗教活動でないとすることができる、と考えるのだろうか。

それは、戦前・戦中の歴史にさかのぼってみれば不思議でないことが分かる。といっても、戦前・戦中は靖国神社は国家施設であって「宗教法人」ではなかった、などと(言うまでもないことを)言いたいのではない。靖国神社は国家機関であったが、神道形式で祭祀儀式を行なう神社であり、宗教的施設であった。神道が宗教であり神社が宗教であるならば、靖国神社も必然的に宗教であった。ところが、神道が宗教であったか、神社が宗教であったかといえば、法制度上そうではなかった。

明治政府は当初、「神社は国家の宗祀にて一人一家の私有すべきものに非ず」などとして神道国教化政策を推進するが、仏教界等の反発にあって挫折する。その後、明治政府が

とったのは、「祭教分離」によって「祭政一致」を実現するという一種の迂回路であった。「祭教分離」とは、神社神道を「国家の祭祀」とし、仏教、キリスト教、教派神道等の「宗教」から区別することをいう。一八八二年の太政官布告（「神官は教導職の兼備を廃し、葬儀に関係せざるものとす」）によって確立されたとされる「祭教分離」は、仏教やキリスト教と対立せずに神社神道を事実上の国教とするための巧妙な仕掛けとなった。仏教やキリスト教を「宗教」として認めて一定の「信教の自由」を与える（大日本帝国憲法第二八条「日本臣民は安寧秩序を妨げず及び臣民たるの義務に背かざる限に於て信教の自由を有す」）。他方、神社神道は「国家の祭祀」であるから、どんな「宗教」を信じる者も日本国民であるかぎりその下にあり、その祭祀儀式を受け入れなければならない。

「神社は宗教にあらず」という「神社非宗教」論は、この「祭教分離」の別名である。神社神道はこうして、自らの「宗教」性を否定して「国家の祭祀」となることによって「国家神道」となる。国家神道は一方で、伊勢神宮を頂点とする神社制度を一大国家システムとして確立し、他方では、神道の教義を天皇の国家＝皇国への忠誠と愛国心を中心とする国民道徳にまで非宗教化する。国家神道はこの結果、全国民、全宗教を自らのうちに取り込む「超宗教」となったのである。

池田立基の論文「国民思想の統一と神道及仏基三教」は、このシステムの含意をうまく説明している。

神道は神道である、宗教の如きものではあるものの、宗教以外に超然として卓立して居なくてはならぬと思ひます。

これを一家に就き考へて見ますに神道は家憲であります。各種の宗教は、家族の箇人々が有して居る自由意志であります、家族の一員たるものは、仮令《たとひ》如何《いか》なる意志を有して居つても、其家憲に対しては**絶対服従の義務**があるのであります。これを欲しない暁は、其**家族たる関係を断切る**より外に詮方ないのであります。

［中略］

ここに云ふ家憲は、皇道であります、国是であります、神道であります、［中略］皇道、神道を**超宗教**を以て取扱ひますと、**異種雑多なる宗教の存在を妨げずして、神道を帝国臣民の辿るべき唯一の道そして絶対の権能の発動を見るに至る**のであります、神道の動的方面を通俗的に云ひますと、これが**愛国心**となるのであります、日本帝国に於ては、敬神の念が、愛国の精神であります。

愛国心を鼓吹することは、日本の神の道でありまして、国民の思想を統一すべき権能を有している唯一の力であります。

愛国心の鼓吹に関しては、何人もこれに反抗若くは異議を申立てることは出来ないでありませう。

（加藤玄智編『神社対宗教』一九三〇年、所収）

「超宗教」としての神道、「神の道」こそ「帝国臣民の辿るべき唯一の道」であり、天皇に忠誠を誓う「皇道」としての「愛国心」であって、仏教やキリスト教を信じるのは各人の「自由意志」であってよいけれども、しかしその自由意志は決して「反抗」したり、「異議を申立て」たりしてはならない。自由意志による「異種雑多なる宗教の存在」は、あくまで国家神道すなわち「愛国心」への「絶対服従の義務」の枠内でのみ許されるのであって、その義務に反する者は、「家族の一員」が「家族たる関係を断切」られるように、国民から追放されて「非国民」となるしかない。

†祭教分離の効果

たしかに、反抗や異議申し立てがまったくなかったわけではなかった。内村鑑三が教育勅語への敬礼を拒否した「勅語不敬事件」（一八九一年）に関連して、植村正久はすでにキリスト者の靖国神社参拝問題を提起していた。「このことたるや、その連帯するところ極めて広く、その関係ははなはだ重大なるものあり。キリスト教徒は賢所において参拝するも不可なきや、キリストを信ずる陸海の将校仕官兵卒は、靖国神社において神官の司る祭典に列なり、その祭りに与かることを得るや」（「不敬事件とキリスト教」『福音週報』一八九一年二月）。

この延長線上に、近代日本のキリスト教と国家の関係史上、必ずと言ってよいほど言及される靖国神社参拝拒否事件が起こる。「満州事変」のあった一九三一年の翌年、熱心なクリスチャンだった二人の上智大学学生が、軍事教官に引率されて靖国神社遊就館の見学に行ったさい、参拝を拒んだ。それが新聞に書きたてられて大問題となり、陸軍省は上智大学からの配属将校の引き揚げを実施、反カトリック・キャンペーンに発展した。事件は軍の仕組んだものではないかとの見方もあるが、問題はこの過程でカトリック東京教区シャンボン大司教と文部省との間に交わされたやり取りである。

シャンボン大司教は、カトリック教徒の学生らが神社や「招魂社」参拝を要求され、「敬礼」に加わることを求められるのは、「偏《ひとへ》に愛国的意義を有するものにして毫も宗教的意義を有するに非ざるを」明らかにしてほしい、と求めた。これに対して文部省は、「学生生徒児童を神社に参拝せしむは教育上の理由に基づくものにして、此の場合に学生生徒児童の団体が要求せらるる敬礼は愛国心と忠誠とを現はすものに外ならず」と回答した

（文部省雑宗一四〇号、一九三二年九月三〇日）。

上智大学はこの事件で存亡の危機に瀕したが、結局、全面屈服と引き換えに危機を逃れた。学長以下全校謹慎したうえ、学長・神父・学生がこぞって靖国神社に参拝し、「忠君愛国の士を祀る神社に参拝することは、**国民としての公の義務**にかかわることであって、**各自の私的信仰**とは別個の事柄であることを了解」したと文部省に伝えたのである。

ここには、「神社非宗教」あるいは「祭教分離」の絶大な効果が看て取れるであろう。「愛国心と忠誠」の表現である神社参拝は「国民としての公の義務」であり、「各自の私的信仰」であるカトリック信仰とは、矛盾せず両立する。「国家の祭祀」と「宗教」は「家憲」と「自由意志」の関係にあり、矛盾せず両立するのだ。この関係は、国家と宗教者の双方にとってメリットがある。国家は「異種雑多な宗教」と対立することなく、神道を「帝国臣民の辿るべき唯一の道」として押しつけることができる。宗教者は、神社参拝を「国民としての公の義務」として果たすかぎり、国家と対立せずにキリスト者や仏教者でありつづけることができる。

†キリスト者によるコミットメントの論理

まさにこのような関係のなかで、日本のキリスト教会は一九三〇年代以降、天皇と国家に忠誠を誓うことは信仰と矛盾しないとして、次第にむしろ積極的に戦争に協力していくことになる。

カトリック教会は、太平洋戦争中の一九四四年七月八日、「国民総決起運動」に協力するとして、伊勢神宮、明治神宮、そして靖国神社に教団代表者を参拝させた。伊勢神宮には松岡名古屋教区長をはじめ三名、明治神宮には土井東京大司教をはじめ三名、そして靖国神社には田口大阪司教をはじめ三名、「その他各教区においても代表者は護国神社に参拝をなすこと」とされた。

プロテスタント教会は、一九四一年六月二四日、三四派が合同して日本基督《キリスト》教団を設立し、「我ら基督信者であると同時に日本臣民であり、皇国に忠誠を尽くすをもって第一とする」と宣誓文に明記した。翌年一月一一日、日本基督教団統理の富田満は伊勢神宮に参拝し、天照大神に教団の発展を祈ることになる。

富田満はこれより先、一九三八年六月から七月にかけて、日本基督教会大会議長として植民地統治下の朝鮮を訪問している。朝鮮総督府は一九三六年の南次郎総督就任後、キリスト教会に対して神社参拝の本格的な強要を開始したが、信者の抵抗にあって難航し、処分や処罰を乱発していた。こうしたなか富田は、神社参拝拒否の拠点の一つであった「平壌」のサンジョンヒョン教会に赴き、神社参拝は国家の儀式であって宗教ではないから帝国臣民として参拝しなければならないと、弾圧を受けていた朱基徹牧師らを説得しようとしたのである。

「諸君の殉教精神はりっぱである。しかし、**いつわが（日本）政府は基督教を捨て神道に改宗せよと迫ったか、**その実を示してもらいたい。**国家は国家の祭祀を国民としての諸君に要求したにすぎまい。**［中略］明治大帝が万代におよぶ大御心をもって世界に類なき**宗教の自由**を賦与せられたものをみだりにさえぎるは冒瀆に値する」（『福音新報』一九三八年七月二一日）。富田のこうした説得がひとつのきっかけとなり、その後、平安南道や平壌の長老教会で次々に神社参拝決議が挙げられる。「国家の祭祀」と「宗教」の分離は、日本のキリスト者が朝鮮のキリスト者に「転向」を迫る切り札にもなっていたわけである。だが、それにもかかわらず、朝鮮キリスト者の神社参拝拒否運動は続けられ、総督府の弾圧によって投獄されたキリスト者二千人余りのうち、約七〇人が神社参拝拒否によるもので、そのうち五〇人が獄死したと言われる。

プロテスタント教会と靖国神社の歴史に関しては、長くなるがぜひ全文を読んでおきたい資料がある。第一章ですでに一部を引用した「靖国の英霊」（日本基督教新報、一九四四年四月一一日）である。

靖国の英霊

南海の涯《はて》に、大陸の奥に大君に命を捧げ奉った忠誠勇武の英霊二万五千を迎え祀る招魂の儀に、帝都は今厳粛の気をみなぎらしている。

満開の桜はあたかも雄々しく護国の華と散った大和男の子の忠魂を讃えるが如く、はらはらと散り行くのである。宣長のあの名歌が今日此頃ほど実感として浮びあがる時はない。昨年の大祭にも記者は宣長の歌に触れたが今年はひとしほ実感胸に迫る気がするのである。戦はいよいよ深酷(ママ)化し、決戦につぐ決戦ときびしい戦ひ(ママ)は展開される今日、国民の生活は捧げられた血によって護られているのである。感激何によって応ふべきかを知らない。

この血の尊さは英霊を神と祀る日本の伝統のみがよく知る所である。国に捧げられた血を尊しとする精神は他国にもあるであらう。記念碑を造り、道行く人は帽をとつて敬虔に誠を捧げるであらう。然し**この血に最高の意義を見、祭神と讃へる精神は、我が日本をおいて外にはない。**

これは国民のうちに、かうした血に高く深い意味を見出し得る国民性の優秀性を示していると同時に、否寧《むし》ろ尊い血を捧ぐる人々の尊い心ばえが、戦場に於て他国人の知らぬ高さにまで昂揚して、国民をして跪拝《きはい》せしめずんば止まぬ尊さを現しているからである。ひとたび大君のお召しにあづかつた瞬間、この武人は啓示としてかしこみ御うけ申上げる。この時からこの武人には、国に捧げつくす清く尊い血が生きる。武人の脈管に流るる血には新しい意義が生ずる。勿論この心は日本国民にすべて存在する伝統である。然《しか》し特にお召しにあづかつた瞬間は、これを鮮やかに自覚した新しき時であり、宗教的新生にも比すべきものである。記者は幾度かかう云ふ不思議と思はるる程荘厳にして力にみちた新しき厳かな自覚の武人の前に、襟をただし頭をたれたのである。この様な態度から、この尊い殉国の血を靖国の英霊として祀る心がおこるのは当然である。かく護国の英霊には深酷《ママ》な意義がある。この祭りの日が国民的大祭として国民皆厳粛な気にみちるのも当然である。尊い血の意義の深酷な意義の自覚こそ、我国の誇るべき一つであらう。

基督教は血の意義を最も深く自覚した宗教である。殆《ほとん》ど唯一と云うてもいいかも知れない。**即ちキリストの血こそ救拯《きゆうじよう》の根元であるからである。**ヘブル書の記者は「永遠の御霊により瑕《きず》なくして己を神に捧げ給ひしキリストの血は我らの良心を死にたる行為より潔めて活ける神に事へしめざらんや」（ヘブル書九、十四）と云ひ、血の意義を顕揚している。基督者はこの血の尊さに醒めさせられて新しくされたのであることはあらためて申すまでもない。

> **血の意義の深さを伝統として有した初代日本基督者が、キリストの血の意義に初めて触れた時心躍ったのは当然である。キリストの血に潔められた日本基督者が、護国の英霊の血に深く心打たれるのは血の精神的意義に共通のものがあるからである。**血の意義の深い自覚に共通なものが潜み湛へられているからである。
>
> 其故、今、靖国の大祭を迎へ、我等日本基督者の血は、厳粛な感激と殉国の良心にたぎり立つのを禁じ得ない。自制も至難とする程の感激がほとばしり出るのを禁じ得ない。路上屢々《しばしば》遺族章をつけた方々とゆきかひ、見知らぬ人々ではあるが、思はず脱帽せずにはいられない。
>
> 　靖国の英霊を安じる道は敵殲滅の一途あるのみである。一毫のすきなき誠忠の思ひもて、与へられた立場から奉公してゆかねばならない。我々のたぎり立つ血のはけ道は、英霊の血と深く相通じている。

　無惨と言うべきだろう。当時の日本の基督教はここに至って、「神社非宗教」すなわち「祭教分離」の狡知に完全にはまってしまったと言わざるをえない。キリスト者たちははじめ、「祭祀」と「宗教」を分けること、「国民としての公の義務」と「各自の私的信仰」

を分けることで、自らの「宗教」と「信仰」の領域を確保できると考えたかもしれない。しかし実際に起こったのは、**「祭教分離」が「祭教一致」を帰結する**というパラドキシカルな事態であった。「宗教」たるキリスト教は、「国家の祭祀」たる靖国信仰に完全に呑み込まれてしまったのであった。「国家の祭祀」と「宗教」の分離は、「宗教」の「国家の祭祀」への完全吸収という事態に帰結したのである。「殉教」の思想と「殉国」の思想、キリスト教の「犠牲」の論理と靖国の「犠牲」の論理の関係をどのように評価するかについては、稿を改めて議論したい。

†仏教者によるコミットメントの論理

では、仏教のほうはどうなったのか。

天皇家や日本国家との長い関わりの歴史をもつ仏教はキリスト教と同じではありえなかったし、仏教諸派を同断に論じることができないのももちろんである。しかし、国家神道体制が確立されてくるにつれて、「宗教」としてこれにどう対応するかが問題となった点では、仏教もキリスト教と類似の立場にあった。

カトリック、プロテスタント両派の代表者たちは一九四〇年代になって伊勢神宮などの公式参拝を行なっていたが、仏教諸宗派の代表者たちはすでに一九三五年、靖国神社の春の例大祭に神道式の参拝を行なっている。浄土真宗大谷派の法主は、一九三六年一二月二日に明治神宮参拝、同月四日に靖国神社参拝、翌三七年一月八日に伊勢神宮参拝を行なっており、「神宮の御参拝は宗門として前例なき企にて、文部省初め多方面より非常な好評を受けつつある」（機関誌『真宗』一九三七年一月号）とされた。いずれも日中戦争全面化以前であるが、日中戦争の本格化とともに大谷派でも神社参拝は増加していく。

一九四〇年一〇月、真宗大谷派は戦時教学についての研究会を行なうが、その報告書には次のようにある（北陸群生舎編『資料集・大日本帝国下の真宗大谷派教団』）。

一、国体観念と真宗教義

真宗の教義は皇法を奉戴して成立せる日本仏教の性格を備へたものである。故に真宗教徒たるものは各自が自己の職分を通して大政を翼賛し奉り、大御心を奉戴して臣民道を全うすることが絶対の道であつて、天皇に帰一し奉る国民の態度に一二あるべき筈はない。

［中略］

天皇帰一の臣民道と阿弥陀仏の信仰（弥陀帰一）とは如何なる関係を為すものかと言ふに、仏教はその伝来の初め先《ま》づ皇法の中に受容せられ歴朝の大御心により御加護を賜つて居るのであるから、阿弥陀仏の信仰は皇法の中に包摂せられるものといただかれる。

［中略］

一、靖国神社の問題

靖国神社に祀られたる英霊は皇運扶翼の大業に奉仕せし方々なれば、菩薩の大業を行じたるものと仰がる。而《しこう》して往生の得否は如来の大悲にまかせて吾等の計ふべきことにあらず。

たしかにここでは、「国体観念」（「国家神道」にほぼ等しい）と「真宗教義」との関係が問いの対象となり、「靖国神社の問題」が問題として立てられてはいる。その意味で、みずからの「宗教」を「国家の祭祀」に対してどのように定位すべきかということが、まだかろうじて問いとして残ってはいる。だが、その答えはすでに、「天皇帰一の臣民道」を「絶対の道」とし、「阿弥陀仏の信仰」はその中に「包摂せられるもの」だとする、キリスト教の場合と同様に、**「国家の祭祀」への「宗教」の完全吸収**と呼ぶしかないものになっている。靖国の「英霊」たちは「皇運扶翼の大業に奉仕」したことによって、すでに「菩薩の大業を行じたるもの」となったのである。

こうしてみれば、「靖国の精神は、戦争の時に、兵隊さんだけが持つ精神ではない。それは戦時にも平時にも、日本人のすべてが、何人もひとしく堅持すべき日本精神なのである」（『靖国の精神』一九四二年）と述べて、熱狂的に靖国信仰を鼓吹していた高神覚昇（第一章第三節参照）が、じつは真言宗智山派の仏教徒・仏教学者であったとしても、決して不思議ではないことが分かるだろう。高神は太平洋戦争開戦前の一九四一年二月、大日本仏教連合会から『仏教報国綱要』を編集出版し、次のように書いていた。

> 国家のおかげを感じ、国家のためにいのり、国家のために死ぬ。これはひとり兵隊さんばかりではなく、国民のすべてが、こんどこそはハッキリ覚《さと》つたやうにおもひます。**もともと日本は宗教的国家であり、日本国民は宗教的国民である**のですから、いま始めてそれを知つたわけではありません。永い間、**神道と仏教とが、父となり、母となつて、日本人にさういふ宗教的な訓練を施して来た**結果なのです。事変始つて間もない頃、外国の一新聞は、「日本人の犠牲的精神」と題して、次のやうな社説を掲載してゐました。
> 「日本国民は何物にもかへて自分の国を愛する。一たび日本人が戦場に赴くや、決して故郷の家族のことを考へぬ。日本人の考へは、敵を斃《たほ》して自分も亦戦場で死ぬこと

以外にはない。その理由は、**日本の宗教が、皇室と国民とのために、潔くその生命を犠牲にすべきことを教へるからだ。**またこの世は空なもの、無常なものであるから、おのれの生命や家族のことを顧ることなく、国家の安寧のために盡《つく》すべしと説くのである。日本人は、おのれの生命を国家の進歩のために捧げて少しも死を怖れない。
［以下略］。」

> ［中略］
>
> 要するにわれわれは、万邦無比の**皇国日本**に生をうけ、**世界に類なき仏教**に値遇したる因縁を欣《よろこ》び、報恩謝徳の行として、**臣道を実践してゆくことが、とりも直さず日本仏教徒として、国家の新体制に処する唯一の道であるといふこと**を、改めてハッキリ知らねばならぬと思ひます。

「日本人の犠牲的精神」すなわち「靖国の精神」は、「神道」を「父」とし、「仏教」を「母」として生まれた。臣道の実践は「とりも直さず」日本仏教徒として生きることなのだから、両者は「宗教的国家」の「宗教的国民」において区別できないほど融合しており、少なくとも類似している。

浄土真宗では、東西両派公認の教学とされる「真俗二諦論」の構造と、「祭教分離」が

「祭教一致」を帰結するカラクリとの関係が問われるべきであろう。菱木政晴によれば、真俗二諦論とは「宗教的・観念的領域と世俗的・現実的領域を分けて、おのおのに別個の真理（諦）を立てるもの」で、「親鸞の思想とは縁のないもの」であるが、中世以来「仏法（寺社勢力）と王法（天皇を中心とする世俗権力）の協力・相互依存の論拠」とされてきた（『浄土真宗の戦争責任』前掲書）。いったん分離されていたはずの「祭祀」と「宗教」、すなわち「天皇帰一の臣民道」と「阿弥陀仏の信仰」が、「仏法」の「王法」への限りない「協力」の結果、完全に「一致」し、「仏法」は「王法」に「包摂」されてしまうのである。

日清戦争直後の一八九五年一〇月二六日といえば、「時事新報」にあの「戦死者の大祭典を挙行す可し」が掲載される約一カ月前である。この日に行なわれた「征清従軍死亡者遺族に対する御親教」のなかで、当時の大谷派法主はこう述べている。

> 本日は征清軍追弔の法会を営むこと実に此度の戦死に付いてはさぞかし愁傷に思ふてあらふか。併《しか》し乍《なが》ら、よくよく思ひめぐらして見れば、此世一生の間は有為転変の娑婆《しゃば》なれば、如何なるはげしき無常の嵐にさそはれ、如何なる病患に逢て死するやも計り難い。然るに、生れ難き人間の生をうけ、特にこの**皇国に生れ、名誉の戦死を遂**

て、名を海外に輝かせしことは、実に喜ばねばならぬこと。されば遺族の輩、**今生に於てはいよいよ御国の為めには身命を惜まず、報国尽忠の誠を抽て、未来に取りては己が計ひを捨て、偏に彌陀他力の本願にすがり奉り、生きては皇国の良民と云はれ、死しては安養浄土の華の台に往生を遂る**やう、現当二世愈々心得ちがひなく、我門徒の輩は法義相続を大切に致せ。

（『本山事務報告』第二五号、一八九五年一〇月三一日）

†非宗教というカモフラージュ

「祭教分離」はこうして、キリスト教においても仏教においても、「宗教」が「国家の祭祀」に呑み込まれる形で「祭教一致」に帰着した。

「神社非宗教」は、それ自体一つの宗教である神社神道を他のすべての宗教から「分離」して「超宗教」とし、他のすべての宗教を天皇制国家の「祭祀」である「国家神道」に従属させるイデオロギー装置にほかならなかった。

靖国神社を靖国神社のままで、すなわちその伝統的な祭祀儀礼の中心部分を残したままで「特殊法人」にするとか、「非宗教化」して「国営化」するといった意見は、この「神社非宗教」の狡知とそれがもたらした災厄の歴史に無自覚すぎると言わざるをえない。靖国神社は戦前・戦中のその「本来」の姿において、すでに「**無宗教の国立戦没者追悼施設**」であった。正確にいえば、「無宗教の国立戦没者追悼施設」**を装う**「**宗教的な国立戦没者顕彰施設**」であったのだ。

じつは「宗教的な国立戦没者顕彰施設」であったものが、「無宗教の国立戦没者追悼施設」を**装っていた**のだということ。この点については、一九三〇年代に「神社非宗教」論に対抗し、むしろ「国家的神道」を「国民的宗教」として認めるべきことを説いた宗教学者・加藤玄智の指摘が興味深い。

> 茲《ここ》に私が国家的神道に名づけて「倫理的変装」Ethical Camouflage と呼ぶところの現象が起って来る。国家的神道の倫理的変装とは一見して、外観如何にも国家の儀式、典礼、国民道徳のみの如く現はれ、**其本質上宗教であっても、表面は決して宗教のやうに思はれぬもの**を指すのである。海岸の砲台を観るに、その内容実質に至っては大砲の仕懸けがあるけれども、外部から看れば唯樹木土石等から成る普通の山角水崖のやうに見える、之を砲台の変装又は佯装即ち Camouflage と名づける。
> （加藤玄智『神社対宗教問題より見たる神道の一考察』一九三一年）

「神社非宗教」論、そしてそのイデオロギー装置とともに成立した「国家神道」は、「其本質上宗教であっても、表面は決して宗教のやうに思はれぬもの」であり、神社神道という宗教が「国家の儀式、典礼、国民道徳のみ」を装って現われるもの、すなわち宗教の**「倫理的カモフラージュ」**だというのである。

しかも、この「倫理的カモフラージュ」は今日もまだ続いている。靖国信仰を「宗教」から区別し、すべての日本人が尊重すべき「道」だとする思想は、靖国神社が法制度上単なる一宗教法人となった戦後も、靖国神社はもとより政府においても消え去ってはいない。

一九六九年八月、キリスト者遺族の会一二人の合祀取り下げ要求に対して、池田権宮司が答えた言葉。

> 靖国神社は憲法にいう**宗教ではない。日本人ならだれでも崇敬すべき〝道〟（道徳）**である。靖国神社のこの本質と祭祀の内容は、戦前も戦後も、また将来、靖国法案が成立して国営化されたあとも全く変わらない。（戸村政博編『靖国闘争』一九七〇年）

キリスト者も偏見を捨てて、和やかに、**宗派を超えて、**国のために忠義を尽くした人びとを祭るべきではないか。

（小川武満『平和を願う遺族の叫び』一九八三年）

一九七八年八月一五日に福田赳夫首相が靖国神社に参拝したときの、安倍晋太郎官房長官の発言。

私は、靖国神社が神道であるとか神道でないとかいうことではなくて、私にとりましては、いわば**宗教を超えた、**これはわれわれと一緒に戦った多くの同胞の英霊が祭られておる社である、こういうことで、いわば自分が仏教を信じているとか、あるいは神道を信じているとかいうことを超えた立場で、靖国神社に対しては非常に崇敬の心で参拝を続けておるわけです。

（衆議院内閣委員会、一九七八年八月一六日）

第四章
文化の問題
——死者と生者のポリティクス

「引き揚げ」・戦没者の遺体、無言の帰国。1949年1月9日撮影(毎日新聞社提供)

†「伝統」としての靖国

靖国問題をこれまで三つの位相から見てきた。

第一章「感情の問題」では、靖国のシステムの本質が、戦死の悲しみを喜びに、不幸を幸福に逆転させる「感情の錬金術」にあることを指摘した。

第二章「歴史認識の問題」では、A級戦犯合祀《ごうし》問題は靖国に関わる歴史認識問題の一部にすぎず、本来、日本近代を貫く植民地主義全体との関係こそが問われるべきだと主張した。

第三章「宗教の問題」では、これまで首相や天皇の靖国参拝を憲法違反としたり、その違憲性を示唆した司法判断はいくつかあるが、合憲とした確定判決は一つもないことを確認したうえで、靖国神社を「非宗教化」することは不可能であること、また「神社非宗教」の虚構こそ、かつて「国家神道」が猛威を振るったゆえんに他ならなかったこと、などを論じた。

次にとりあげたいのは、靖国問題を「文化」の問題として論じる議論である。

靖国を「日本の文化」と捉える見方は、奇説珍説の類を含めて数多い。小泉首相は、二〇〇四年元日に首相就任後四度目の参拝を行なった際、「なぜ元日に参拝したのですか」

と問われ、「初詣でという言葉があるように、日本の伝統じゃないですかね」と答えた(朝日新聞、二〇〇四年一月二日)。初詣でに靖国神社を参拝した首相の例は他に聞かないし、小泉首相自身、このときが最初で最後になるだろう。「日本の伝統」というには無理がある。しかし、こんなふうに「わが国の歴史」や「伝統」に訴えて、靖国参拝を根拠づけようとする議論は少なくない。

この場合、「文化」も「歴史」も「伝統」も大差はない。いずれにせよ、この次元に立てば、A級戦犯合祀などの戦争責任問題も、憲法上の政教分離問題も、「表面的な議論にすぎない」として斥《しりぞ》けうるように見えてくる。首相の靖国参拝は「日本の文化」だとしてしまえば、他国からもあれこれ言われる筋合いはない、ということになりそうだ。小泉首相も、中国などの反発に対して、「どこの国でも、その国の歴史や伝統を尊重することに関し、とやかくは言わないと思います」と述べている(同上)。さらにこの議論は、日本人と中国人の「死生観の違い」へと展開していく。

よその国が死者に対する慰霊の仕方に「自分たちの考えと違うからよろしくない」と言って、「はい、そうですか」と従っていいのか、疑問を感じている。

(小泉首相、二〇〇四年一〇月一八日、衆議院予算委員会)

日本では現世でどんなことをしたとしても死ねば差を付けないが、中国では悪人で死んだ人はあの世へ行っても悪人だ。違う死生観をお互いに理解することが必要だ。

（町村信孝外相、二〇〇四年一〇月三日、テレビ朝日の報道番組で）

「中国文化は死者を赦さない文化、日本文化は死者を赦す文化」、「日本人は過去を水に流し、韓国人は過去の恨（ハン）をいつまでも抱えている」等々。こうした「文化の違い」を強調し、各国の文化はみな等しく尊重されるべきだという一種の文化多元主義、文化相対主義によって、A級戦犯を赦し、侵略と植民地支配の過去を水に流す「日本文化」の権利を主張するわけである。

†江藤淳の文化論

ここでは、こうした文化論的靖国論のなかでも最も注目すべきものとして、江藤淳の論考「生者の視線と死者の視線」（江藤淳、小堀桂一郎編『靖国論集——日本の鎮魂の伝統のために』一九八六年、日本教文社、所収）をとりあげてみよう。

文芸批評家だった江藤淳は、一九八四年七月、藤波孝生内閣官房長官のもとに設置された「閣僚の靖国神社参拝問題に関する懇談会」の委員となった。この懇談会は、事実上、中曾根康弘首相が靖国神社に公式参拝するために、憲法上の制約をどのようにして乗り越えるかを議論するためのものだった。もともと首相の靖国神社参拝を支持する立場にあった江藤は、しかし、懇談会の議論が進むにつれて大きな違和感を覚え、辞任の意思を内々に洩らしたにもかかわらず慰留されて撤回したことを、後々まで後悔することになる。なぜか。

江藤によれば、靖国神社参拝の問題には三つの側面がある。憲法問題としての側面、政治問題としての側面、そして文化問題としての側面である。そうだとすれば、「少なくとも三つの方向から均等に議論をするべき」であり、「その中では憲法論のごときはたかだか三分の一を占め得るにすぎない」というのが、江藤の「基本的な態度」だった。ところが、「審議はほぼ憲法典の解釈論に終始」して、江藤にとって「本質的」に重要な「文化論」は「終始審議から抜けていた」。なぜ、そうなるのか。それは、「現行一九四五年憲法が拘束衣となって、日本人の習俗と文化を縛り上げている」からである。

江藤はまず、政教分離を定めた日本国憲法という憲法典が、「日本文化の持続」という観点からは「あってもいいし、なくてもちっともかまわない」ものであり、決して本質的なものではないと言う。Constitution という語が成文憲法の意味で使われるようになったのは、合衆国憲法やフランス共和国憲法が出現した十八世紀末ぐらいからにすぎず、Constitution の原義は「make-up of the nation、つまり成文・非成文のいかんにかかわらず、文化・伝統・習俗の一切を包含した国の実際の在り方」にほかならない。つまり憲法典は、この「国の make up of the nation の上にのっかっている」にすぎず、「Constitution の部分であって決して全体ではない」というのだ。

この make-up of the nation としての Constitution は、「国体」と言ってもよいが、そうすると「戦前の日本の国家体制に限定されすぎる恐れ」があるので、むしろ「日本の国柄そのもの」と言ったほうがよい。

日本人にとって一番大切なもの、日本人がおのずから親身になれるものは**日本の国柄そのもの**ですね。つまり make-up of the nation —— make-up of Japan であって、これは要するに『記紀』『万葉』以来、今日に至る日本という国の持続そのものが織りなしてきたものです。その上に個人としての記憶も民族としての記憶も全部堆積しているのです。

この事実が大切であって、特に靖国神社公式参拝問題のように、国がどのように戦没者に対する態度を決定するかというがごとき問題の場合には、主として議論の対象にしなければならない Constitution とは、文化・伝統・習俗の一切を包含した国の在り方そのものであって、**日本人がいかにこの国で生き、かつ死んできたかということの積み重ね**以外のものではあり得ない。つまりこれは広い意味で、そして深い意味で、**日本文化の問題**なのです。その文化の文脈の中で、死者はどのように祭られ、生者は死者をいかに遇してきたか。それがそのまま今日でも、滞りなく行われるのかということが、根本問題のはずではありませんか。

では、「日本文化」においては、生者と死者との関係はどうなっているのか。

江藤によれば、飛行機事故の際に日本人は遺体のあらゆる断片を徹底的に収集し、手厚く弔おうとするが、アメリカ人はスペースシャトルの事故に際して遺体を引き上げようとする気配さえまったくない。キリスト教の教義では死ねば神のもとに行くのであって、日本人の言う意味での霊魂の存在は認められない。いいかえれば、アメリカ人の眼に見える風景は単に生者の眼に映る風景にすぎないが、しかし日本人の眼に見える風景は違う。少し長くなるが、続けて引用しよう。

日本人が風景を認識する時には、単なる客観的な自然の形状として認識するのではなくて、その風景を見ている自分たち生者の視線と交錯する**死者の視線をも同時に認識している**のです。［中略］日本人は身辺嘱目《しょくもく》の風景を眺めている時でも、同じ風景を見ているもう一つの見えない視線、つまり**死者たちの視線を同時に感得する**ことによって、そこからある喜びと安らぎを汲み取り、死者たちに対する呼びかけの気持ちを通わせようとする。そこに日本文学の特殊な性格があるのです。

［中略］

つまり、折口博士が言われるように、生者だけが物理的に風景を認識するのではない。その風景を同時に死者が見ている、そういう**死者の魂と生者の魂との行き交いがあって、初めてこの日本という国土、文化、伝統が成立している**。それこそこの日本の Constitution である。Japanese way of life は、そのまま Japanese way of the dead でもあるのです。つまり死者のことを考えなくなってしまえば、日本の文化は滅びてしまう。

［中略］

断絶と連続とが同時に存在しているのが、日本人と死者との関係であって、だからこそ、日本という国土、日本人の嘱目する風景、日本人の日々の営みは、常に**死者との共生感**のうちにあるといわなければならない。死者と〝共生〟しているというのは矛盾のようだけれども、実は死者と共に生きるということがなければ、われわれは生きているという感覚を持てないのですね。その感覚が日本文化の根源にある。つまり、日本の make-up of the nation の根源にある。非常に重要な感覚です。

日本の国土、日本人の見る風景、日本人の日々の営みのすべてに現前している「死者との共生感」。これこそ「日本文化の根源」であり、「日本の国柄そのもの」の根源にある「非常に重要な感覚」であって、首相や天皇の靖国神社参拝も、こうした「日本文化の根源」からこそ根拠づけられるべきなのだ。このように主張する江藤は、兵士の死者との日本的な「共生感」が、それを知らないアメリカ文化によって否定された実例として、川路柳虹の詩を挙げる。

かへる霊　　川路柳虹

汽車はいつものやうに
小さな村の駅に人を吐き出し、
そつけなく煤と煙をのこして

山の向ふへ走り去つた。

降り立つた五六人のひとびとは
白い布で包んだ木の箱を先頭に、
みんな低く頭を垂れて
無言で野道へと歩き出す。
わづかな家族に護られて野道をゆく。

かつての日の光栄は、
かつての日の尊敬すべき英雄は、
いま骨となつて故里へ還つたが、
祝福する人もなく、罪人のやうに

青い田と田のあひだに
大空をうつす小川
永遠の足どりのやうに

水の面に消えまた現れる緩い雲。

この自然のふところでは
すべてが、あまりに一やうで
歓びも悲しみも、さては昨日も今日も、
時の羽搏きすら聴えぬ間に生きてゐる。

無言のひとびとに護られた英霊は、
燃える太陽の光のなかで、
白い蛾のやうな幻となつて
眩しくかがやき動いてゐる。

かへるその霊の宿はどこか、
贖はれる罪とは何か?
安らかに眠れよ、ただ安らかに
おまへを生み育てた村の家に、

戦ひのない、この自然と静けさの中に。

この詩は「鎮魂の賦」であり、「実に見事に日本の詩歌の伝統を引いている」と江藤は言う。詩人は情景描写をしながら霊に呼びかけており、そこには「詩人と霊との間の共生感」が込められている。ところが、アメリカ占領軍の検閲官は、まさにこの「死者との共生感」をこそ標的にした。「かへる霊」の「霊」が削除されて題も「かへる」になってしまったこの詩は、霊への呼びかけが検閲によって削除された結果、日本語で書いてはあってももはや日本の詩ではない「詩の残骸」になってしまった。それはこうだ。

かへる

汽車はいつものやうに
小さな村の駅に人を吐き出し、
そつけなく煤と煙をのこして
山の向ふへ走り去つた。

降り立つた五六人のひとびとは
白い布で包んだ木の箱を先頭に、
みんな低く頭を垂れて
無言で野道へと歩き出す。

青い田と田のあひだに
大空をうつす小川
永遠の足どりのやうに
水の面に消えまた現れる緩い雲。

この自然のふところでは
すべてが、あまりに一やうで
歓びも悲しみも、さては昨日も今日も、
時の羽搏きすら聴えぬ間に生きてゐる。

おまへを生み育てた村の家に、

戦ひのない、この自然と静けさの中に。

江藤にとって、靖国参拝問題を「死者との共生感」という「日本文化の根源」から議論するのではなく、もっぱら現行憲法典の解釈学に終始した「懇談会」の審議は、日本語で書いてはあってももはや日本の詩ではない「詩の残骸」に等しかったのである。

†「靖国」を支える政治的意志

以上のような江藤の論は、文化論的靖国論のなかでは最も洗練された部類に属すると言ってよいだろう。にもかかわらず、多くの疑問を禁じえない。

そもそも、江藤の論の大前提、すなわち「『記紀』『万葉』以来、今日に至る日本という国の持続そのものが織りなしてきたもの」として「日本文化」なるものがあり、その「根源」は「死者との共生感」だ、という前提そのものが決して自明のものではない。江藤は「構造主義」を持ち出して、「日本文化」と「アメリカ文化」、「われわれの Constitution」と「欧米人の Constitution」が「全く等価」であることは思想的な「常識」だと言うのだが、「日本文化」なるもの、「アメリカ文化」なるものが歴史貫通的にあるとか、「『記紀』『万葉』以来」「日本文化の根源」は不変だというような、きわめて疑わしい前提をまったく疑っていない。

しかし、ここでは仮に、この江藤の大前提を大筋で認めたとしてみよう。つまり、江藤の言うような「死者との共生感」が「日本文化」の「根源」にあると、ある大雑把な意味で認めたとしてみよう。だがその場合にも、根本的な疑問が残る。それは、**「死者との共生感」がなぜ靖国という形をとらなければならないのか、**その必然性がまったく不明であり、根拠に欠けるということである。

江藤は書いている。

　日本人は生者のことだけを考えていい民族ではないんですね。生者が生者として生き生きと生活するためには、死者のことを常に考えていなければいけない。個人としては、われわれはおおむねそうしながら生きている。東京の市中ががらんとするのは、盆と暮れのときですね。〔中略〕お盆というのは、まさにご先祖様に会いに行く日ですね。自分の故郷に帰って、ご先祖様の霊に会って、大いに生気を取り戻して、また暮れまで頑張ろうと言って働くのが日本人であって、これは戦争が起ころうが天変地異があろうがぜんぜん変わっていないのですね。これこそまさに日本の Constitution なのです。

あるいは初詣でに神社仏閣に参拝する。これも生者と死者が、幽冥境を異にしているけれども、やはり一方で繋がっているということを確認しに行くのでしょう。こういう習俗から切断されてしまったら、われわれは日本人らしく生きていけない。

お盆や初詣では日本の「習俗」である。だが、そうだとしても、お盆や初詣でから靖国神社、靖国参拝を説明することには明らかに飛躍がある。お盆や初詣では、「戦争が起ころうが天変地異があろうがぜんぜん変わっていない」と江藤は言う。しかし、靖国神社は戦争がなければ存在しなかった。お盆や初詣でにおける死者との関係は、広く「ご先祖様」一般との関係であるが、靖国における死者との関係は戦死者との関係であり、しかも**特殊な戦死者との関係**である。

第一に、戦死者との共生感が靖国という形をとらなければならない必然性はない。

靖国神社に参拝しなければ、お盆に戦死者を思い、正月の初詣でに戦死者を思うことができないわけではまったくない。江藤の援用する川路柳虹の詩「かへる霊」にも、そのことは示唆されている。兵士の霊はいまだ「英霊」と名指されてはいるが、それが還っていくのは「故里」である。

かへるその霊の宿はどこか、
贖はれる罪とは何か？
安らかに眠れよ、ただ安らかに
おまへを生み育てた村の家に、
戦ひのない、この自然と静けさの中に。

兵士の慰霊や追悼にも、さまざまな形がありうる。それが靖国という形をとるのは、戦前・戦中においても、戦後の首相の参拝においても、江藤の言う「文化論」を超えた**国家の政治的意志**が働いたからである。

第二に、文化としての「死者との共生感」を言うなら、なぜ靖国は日本の戦死者のなかでも軍人軍属だけを祀り、民間人戦死者を祀らないのか。

たとえば、沖縄の摩文仁の丘に立ち、海を見つめれば、沖縄戦で戦死した人々に思いを馳せることもできよう。しかし、靖国はその夥《おびただ》しい死者のなかから、日本軍の軍人軍属のみを選び出して合祀し、軍人軍属より多数にのぼったと言われる民間人の死者には目もくれない。例外として、軍の要請による戦闘や徴用などによる作業中に戦死した民間人は合祀されている（準軍属）。しかしいずれにせよ、一般の民間人戦死者は合祀されない。広島、長崎の一般被爆者、東京大空襲をはじめ空襲による一般戦死者など、数十万の民間人戦死者は靖国の死者とはされないのだ。戦争の死者との「共生感」、「死者の魂と生者の魂との行き交い」を言うなら、なぜ、日本の戦死者のなかから、民間人の死者を排除してしまうのか。

江藤は靖国を「日本文化の問題」だと言い、「その文化の文脈の中で、死者はどのように祭られ、生者は死者をいかに遇してきたか。それがそのまま今日でも、滞りなく行われるのか」の問題だと言う。しかし、「日本文化の根源」にある「死者との共生感」は、靖国のように、戦士の死者との「共生感」に限られていたのだろうか。「日本文化」においては、「『記紀』『万葉』以来」、生者が死者をこのように遇してきたのだろうか。お盆にせよ、初詣でにせよ、柿本人麻呂の歌にせよ、江藤自身の挙げる例が、そうではないことを示している。

靖国のように、戦死者のなかでも軍人軍属、戦士の死者のみを遇するという決定をしたのは、これもまた「文化論」を超えた**国家の政治的意志**である。

第三に、戦死者との交感を言うなら、なぜ靖国は敵側の戦死者を祀らないのか。

日本の中世・近世には、仏教の「怨親平等」思想の影響で、敵味方双方の戦死者の慰霊を行なう方式が存在した。北条時宗建立の円覚寺は文永・弘安の役（「元寇」）の、島津義弘建立の高野山奥の院・敵味方供養碑は文禄・慶長の役（「朝鮮出兵」）の、敵国と自国双方の戦死者の慰霊を目的としている。

ところが靖国は、日本軍に敵対した外国軍の戦死者を決して合祀しない。台湾島、朝鮮半島、中国大陸、パールハーバー、東南アジアで日本軍と戦って戦死した外国人兵士を合祀しないだけでなく、沖縄戦で戦死した米軍兵士も、広島・長崎で被爆死した連合軍捕虜も、一人として合祀しない。日本軍の戦争で戦死した外国の民間人ももちろん合祀しない。沖縄戦の戦死者を、国籍にかかわりなく軍民合わせて記銘の対象にしているのは、沖縄の平和の礎《いしじ》である。しかし、死者との交感が日本の「文化」であると言うなら、なぜ外国人の死者が排除されるのか。「死者の魂と生者の魂との行き交いがあって、初めてこの**日本という国土**、文化、伝統が成立している」と江藤は言うが、沖縄、広島、長崎など「日本という国土」のうえで戦死しながら、なぜ、外国人戦死者は靖国から排除されるのか。

じつは、江藤もこのことを気にしている。そして、こう述べている。

> 中国といえば、これに関連して敵味方の死者をともに弔わないかという議論がある。心にもなく敵味方の死者を弔うという偽善を行う必要がどこにあるか。**どこの国だって、自国の戦死者を、自国の風習と文化に従って弔っているじゃありませんか。**

この混乱ぶりはどうしたものか。この問題に対する江藤の「基本的態度」は、「日本の国柄」は「アメリカの国柄」とは違う、「われわれの Constitution」は「欧米人の Constitution」とは違うとして、靖国を「死者との共生感に充たされ」た「**日本文化特有の**時空間」に根拠づけることだった。ところがここへ来て、江藤は突然、「どこの国だって」そうしているではないか、と言い出す。「どこの国だって」、「自国の戦死者」を、また「自国の戦死者」だけを弔っているのであって、日本だって同じだ、と。ここには矛盾が露呈している。靖国の論理を日本「特有の」文化伝統から説明しようとしたのに、ここで江藤は、日本の文化伝統のなかに存在した「敵味方の死者を弔う」という方式を完全に無視して、「どこの国だって」している、日本に「特有」**でない**方式に訴えなければ、靖国を説明することができないのである。

†靖国は日本文化を代表できるか

靖国が敵側の死者を祀らないのは、外国人の場合だけではない。「自国の戦死者」であっても、敵側の死者は祀らないのが靖国である。

靖国神社の前身、東京招魂社は、一八六九年六月の第一回合祀で幕末以来の内戦の「官軍」＝新政府軍の戦死者三五八八人を祀って以来、靖国神社となってからも今日まで、内戦の死者としては「官軍」＝新政府軍の戦死者のみを祀り、「賊軍」＝旧幕府軍および反政府軍の戦死者は祀っていない。一八六九年七月、兵部省は東京招魂社の例大祭を、一月三日＝伏見戦争記念日、五月一五日＝上野戦争記念日、五月一八日＝函館降伏日、九月二二日＝会津藩降伏日の年四回と定めた。「こうして東京招魂社の祭典が、「朝敵・賊軍」を平定した日に設定されたということは、以来、明治新政府は、「朝敵・賊軍」は敵として排除していくという方針を明確にしたものであり、後の靖国神社の位置づけを決定づけるものであった」（今井昭彦「国家が祀らなかった戦死者――白虎隊士の事例から」、国際宗教研究所編『新しい宗教施設は必要か』ぺりかん社、二〇〇四年）。

　同じ「日本人」の戦死者でも、時の「政府」の側すなわち天皇のいる側に敵対した戦死者は排除するというこの「死者の遇し方」は、戊辰戦争の帰趨《きすう》を決した会津戦争の戦死者への対極的な扱いに対応している。会津藩降伏直後から会津若松城下に建設された「官軍」諸藩の墓地の燈籠には、次のように書かれている（原文漢文を意訳、上記今井論文による）。

> 明治元年の春、奥羽や北越の諸藩は、天皇の命令に反抗したため、天皇は激怒して、

大宰帥と兵部卿の二親王に命じて、これらの諸藩を討たせることにした。兵部卿は北陸から、大宰帥は東海から攻め入って、**賊徒を平定**していった。そして秋九月には、両親王は会津で合流し、若松城を包囲して、これを攻撃し、ついに落城させた。しかしながら、官軍の戦没者も多かった。そこで、彼らの遺体をこの地に埋葬し、石碑を建立して、そこに概略を記し、**天皇のために戦った、忠義の若者たちがいたこと**を、後世に伝えたいと思う。

他方、会津藩側戦死者三千人の遺体は、新政府軍によって埋葬を禁じられた。会津藩士・町野主水による「明治戊辰殉難者之霊奉祀の由来」には、こう書かれている（同上。「西軍」とあるのは新政府軍、「東軍」とあるのは会津藩側）。

　時に西軍は、東軍の戦死者全員に対して、**絶対に手を触れてはいけない**、と命令した。もし、あえて手を触れる者があれば、その時は、**厳罰に処する**とした。したがって、だれも、東軍戦死者を埋葬しようとする者はなく、**死体はみな、狐や狸などの獣や、鳶や烏などの野鳥に食われ**、また、**どんどん腐敗して、あまりにもひどい、見るも無惨な状態になっていった。**

古代ギリシャの悲劇、ソフォクレスの『アンティゴネー』を想起せずにはいられない。テーバイの王位を争ってポリュネイケスとエテオクレスの兄弟が戦死すると、新たに王位に即いた彼らの叔父クレオンは、エテオクレスを手厚く葬り顕彰する一方、ポリュネイケスの埋葬と追悼は禁止し、その亡骸を鳥獣の苛《さいな》むに任せる。

エテオクレスは、この国を護って戦い、槍の功名隠れもなく、討死された方であるゆえ、墓を築いて葬ってから、最高の死者を送るにふさわしいあらゆる儀式を執り行なおう。一方、その兄弟、すなわちポリュネイケスは、亡命から立ち戻った身で、父祖の国と氏神の社に対し、火を放ったうえ徹頭徹尾焼き払おうと企んだもの、［中略］それゆえ彼へは、国じゅうに布令を廻し、かならず墓に葬っても、泣き悼んでもならぬと命を下した。されば埋めずにほうっておき、その身を鷙鳥《おおとり》や野犬に啖わせ、見せしめのため恥を曝《さら》させようというのだ。

私［クレオン］の思案というは、かようなものだが、かならずとも、不逞《ふてい》の輩が、正しい者を押し除けて、私の手から誉れを受けることは許すまい、ただ国家のためを衷心善かれと計るものだけが、生き死にともに変らず、私の手から栄誉を享《う》けよう。

（呉茂一訳、岩波文庫、一九六一年）

国家の立場を代表するこのクレオンの命に背いて、兄弟の妹アンティゴネーがポリュネイケスを埋葬するところから、一連の悲劇が始まることはよく知られている。

江藤の論は、ここでも深刻な矛盾を露呈する。

日本の中世・近世には、外国軍との戦争においても怨親平等の弔いがあった。「日本人」同士の戦争においては、そうしたケースはもっと多く確認できる。平重盛の紫金山弦楽寺、藤沢清浄光寺（遊行寺）の敵御方供養塔、足利尊氏の霊亀山天龍寺、足利尊氏・直義兄弟の大平山安国寺、北条氏時の玉縄首塚、等々。「日本においては中世以後、戦争で勝利をえた武将は、戦後かならずといっていいぐらい、敵味方戦死者のための大施餓鬼会を催し、敵味方供養碑を建てている」とさえ言われるのだ（圭室諦成『葬式仏教』大法輪閣、一九八六年）。

「内戦」の戦死者でも、敵側の戦死者はいっさい祀らないという靖国の「死者の遇し方」を、「『記紀』『万葉』以来」の「日本人」の「死者の遇し方」の延長上に置くためには、敵味方供養のこうした歴史を、「日本人」の「死者の遇し方」の歴史から排除しなければならない。

その一方で、靖国化されたこの「日本の伝統」は、皮肉なことに、「日本固有の」ものではなくなっていく。それはたとえば、古代ギリシャのテーバイの王クレオンの「死者の遇し方」と瓜二つである。あるいはまた、アメリカ合衆国を二分した内戦（Civil War）＝南北戦争後、勝利した北軍の戦死者を埋葬する墓地として誕生したアーリントン墓地に似ている。「日本文化」と「アメリカ文化」の違い、日本人の「死者の遇し方」とアメリカ人の「死者の遇し方」の違いから靖国を説明しようとした江藤にとって、靖国が日本の中世・近世の敵味方供養と異なり、アメリカのアーリントン墓地に似ているとしたら、いったいどうなるのだろうか。

江藤は、靖国が「内戦」の死者を祀っていないことも気にしていて、「国内の戦死者であれば、請願してこれから祀ってもらえばいい」と言っている。明治初頭の「佐賀の乱」の「反乱軍」の戦死者は、佐賀出身の代議士の運動で大正初年に「名誉回復」されたが、「靖国神社に祀《まつ》ってもらおうなんてとんでもないこと」だから、「畏れ多くて言い出せなかった」。しかし、「いまならもうだいぶほとぼりも冷めたから、祀っていただけるかもしれない」というのだ。

それにしても、祀ってもらおうなどとは「畏れ多くて言い出せない」、「ほとぼりが冷めて」から一生懸命「請願」すれば「祀っていただけるかもしれない」とは、なんと**政治的**

な祀りであることか。「死者の魂と生者の魂との行き交い」、「死者との共生感」、「鎮魂」といった「文化的」「感覚」とは、およそかけ離れている。右のように語ることによって江藤は、靖国における死者との関係が単に文化的なものではなく、本質的に政治的なものであることを、問わず語りに語ってしまっていると言うことができる。いずれにせよ、一八六九年の東京招魂社創建から今日まで、ほぼ一四〇年間、かつて国家機関であった時代も、敗戦後に宗教法人となってからも、靖国神社に「天皇の軍隊」の敵側の死者が祀られた例は一つとして存在しない。靖国神社がこのように敵側の戦死者を排除するのは、まさに「文化」を超えた**国家の政治的意志**によるのである。

「心にもなく敵味方の死者を弔うという偽善を行う必要がどこにあるか。どこの国だって、自国の戦死者を、自国の風習と文化に従って弔っているじゃありませんか」。このように言うとき、江藤は、「元寇」後の北条時宗、秀吉の「朝鮮出兵」後の島津義弘をはじめ、日本の武将が怨親平等思想から行なった敵味方供養のすべてを、「心にもない」「偽善」と決めつけていることになる。たしかに靖国は、敵側の戦死者の弔いを排除している点で、こうした日本の歴史とは断絶している。そして、自国の敵側の戦死者をも排除している点でアーリントン墓地の起源に、また、敵国の戦死者を排除して自国の戦死者のみを対象としている点で、アーリントン墓地だけでなく、英国の戦没者記念塔セノタフ（cenotaph）、フランスの無名戦士の墓、オーストラリアの国立戦争記念館、さらに、韓国の国立墓地・顕忠院、国立戦争記念館などに似ているのだ。

もちろん私は、日本の伝統は靖国的なものではなく、怨親平等、敵味方供養だなどと言っているのではない。中世・近世のすべての戦死者供養が、怨親平等、敵味方供養であったわけではない。事実は、『記紀』『万葉』の時代から靖国に至る、死者の遇し方の一貫した伝統などは存在しない、日本的な死者との関係の一義的な伝統などは存在しない、ということであろう。

西洋世界についても同じことが言える。たしかに近代国民国家の成立後、各国は自国の戦没兵士の「英霊祭祀」(worship of fallen soldiers) に熱を上げた (ジョージ・モッセ『英霊——創られた世界大戦の記憶』宮武実知子訳、柏書房、二〇〇二年)。「祖国のために死ぬ」(pro patria mori) 兵士の顕彰儀礼は、すでに古代ギリシャ・ローマで盛んだった。しかし他方、ハンナ・アーレントは述べている。「西欧世界はこれまで [=全体主義国家の登場まで] その最も暗黒の時代においてすらも、われわれはすべて人間である (そして人間以外の何ものでもない) ということの当然の認知として、追憶されることへの権利を殺された敵にも認めてきた。アキレウスはみずからヘクトールの埋葬におもむいたし、専制政府も死んだ敵を敬ったし、ローマ人はキリスト教徒が殉教者伝を書くことを許したし、教会は異端者を人間の記憶のなかにとどめた」(『全体主義の起原3　全体主義』大久保和郎・大島かおり訳、みすず書房、一九八一年)。『アンティゴネー』は、二つの「死者の遇し方」の対立を描いたものと言うこともできるだろう。

†特別な死者たち

靖国神社の死者との関係は、以上のように、特殊な戦死者との関係である。すなわち、戦争の死者から敵側の戦死者を排除し、さらに自国の戦死者から一般民間人の戦死者を排除した後の、日本の軍人軍属(および日本軍の協力者)の戦死者との関係である。この関係が、江藤の言うような「文化」によってではなく、まさに国家の政治的意志によって作られたものであるかぎり、靖国問題への文化論的アプローチは原理的限界をもっていると言わざるをえない。

このように言うと、靖国神社境内には「鎮霊社」なるものがあり、これが「靖国神社本殿に祀られていない方々の御霊と、世界各国すべての戦死者や戦争で亡くなられた方々の霊」(靖国神社ホームページ)を祀っているので問題はない、という説明がなされることがある。日本の一般民間人戦死者も、内戦であれ対外戦争であれ敵側の戦死者も、すべて鎮霊社に祭られているので、決して日本軍軍人軍属のみの神社ではない、というのである。

しかし、この説明にどれだけ説得力があるだろうか。

靖国神社境内の片隅に鎮霊社と称する小さな祠が建てられたのは、一九六五年七月である。

それはあたかも、「日本軍軍人軍属のみの神社ではないか」という批判を受けたときの逃げ道としてのみ用意されたかのように、訪れる人もない薄暗い一角にひっそりと立っている。

靖国神社が国家機関としてその本来の機能を果たした約九〇年間、鎮霊社は存在していなかったし、敗戦後も二〇年間、存在していなかった。それだけでも、鎮霊社が靖国神社にとって不可欠の一部であると考えることに無理があることは明らかである。

より本質的なことは、鎮霊社が建てられて以後も、靖国神社の「祭神」数は本殿の約二五〇万柱であって、鎮霊社の「霊」は「祭神」数にはカウントされないということである。そもそも、「世界各国すべての戦死者や戦争で亡くなられた方々の霊」と言っても、いつから、どの戦争から含まれるのかが分からない。第一次、第二次世界大戦を合わせただけで七千万人、一九世紀後半から現在まで含めれば総戦死者数は優に一億を超えるだろう。これらの途方もない「祭神」を抱え込むことに意味があるとは思えない。

鎮霊社に「霊」を「祀る」と言っても、本殿への合祀と同格にはなりえない。もしも同格であるなら、鎮霊社に本殿の「祭神」を合祀してしまってもよいはずだが、それは絶対に許されないことだろう。もしも同格であるなら、逆に、鎮霊社の「霊」のうち名前等が判明しているものを、二五〇万の「祭神」に同じ手続きを踏んで合祀してもよいはずだが、これもまた絶対に許されないことだろう。「世界各国すべての戦死者や戦争で亡くなられた方々の霊」が靖国神社の「祭神」となり、「英霊」と呼ばれる日が来ることは、およそ考えられないことなのだ。

靖国神社の「祭神」は、単なる「戦争の死者」ではない。日本国家の政治的意志によって選ばれた特殊な戦死者なのである。

第五章

国立追悼施設の問題
——問われるべきは何か

ドイツの国立中央戦没者追悼所　ノイエ・ヴァッヘ（© Igarashi Taro）

†「わだかまり」の解決策

靖国神社を「わが国における戦没者追悼の中心的施設」として復活させようとすれば、大きな困難にぶつかる。

首相が靖国神社に参拝すれば、「A級戦犯」合祀のゆえに、必ず中国、韓国などから反発を受ける。それを無視すれば外交にも支障が出るし、民衆レベルの対日不信感も解消できない。政治判断でA級戦犯分祀を企てても、靖国神社や遺族の反対で実現できない。

首相の参拝は政教分離違反ではないかとの疑義から、訴訟が次々に起こされる。違憲判断を含む確定判決は複数あるが、明確な合憲判断は一つもない。しかし、政教分離そのものを廃棄する憲法「改正」は論外である。宗教法人のままでは憲法問題をクリアーできないので、靖国神社を「非宗教」的な「特殊法人」にしようとすれば、靖国神社は靖国神社でなくなってしまう。

こうした困難を自覚しつつ、それでもなお国家的な「戦没者追悼」にこだわるならば、残された選択肢は限られてくる。「内外の人々がわだかまりなく追悼の誠を捧げる」ことができるような「無宗教の国立戦没者追悼施設」を新たに建設する、というのがそれだ。

「内外の人々がわだかまりなく追悼の誠を捧げる」とは、二〇〇一年八月一三日に小泉首相が首相として初の靖国神社参拝を行なった際、「総理大臣談話」の中で使った表現である。

今後の問題として、靖国神社や千鳥ケ淵戦没者墓苑に対する国民の思いを尊重しつつも、内外の人々がわだかまりなく追悼の誠を捧げるにはどのようにすればよいか、議論の必要があると私は考えております。

「千鳥ケ淵戦没者墓苑」については後述する。ともあれ、「内外」の批判に対し、「日本国民、総理として当然の行為」と述べて参拝を強行した小泉首相も、靖国神社参拝に「わだかまり」を持つ「内外の人々」が少なくないことを無視はできなかったのである。この首相の意向を受けて、同年一二月一四日、福田康夫内閣官房長官の私的諮問《しもん》機関として「追悼・平和祈念のための記念碑等施設の在り方を考える懇談会」（以下、「追悼懇」と略記）が設置された。そして約一年後の二〇〇二年一二月二四日、「国を挙げて追悼・平和祈念を行うための国立の無宗教の恒久的施設が必要である」という報告書が提出されたのである。

報告書の内容が明らかになると、賛否両論、さまざまな立場から「新たな国立追悼施設」建設をめぐる論議が起こった（たとえば、菅原伸郎編『戦争と追悼――靖国問題への提言』八朔社、二〇〇三年、田中伸尚編『国立追悼施設を考える――「国のための死」をくり返さないために』樹花社、二〇〇三年、国際宗教研究所編『新しい追悼施設は必要か』ぺりかん社、二〇〇四年、等）。これらの議論のすべてを検証する紙幅《しふく》はないが、いくつかのポイントに絞って論じておこう。

報告書によれば、新たな国立戦没者追悼施設は「無宗教」の施設である。「この施設を訪れる個々人の宗教感情等」は否定されないし、「各自がこの施設で自由な立場から、それぞれ望む形式で追悼・平和祈念を行うこと」は保障されなければならないが、「この施設は、国が設立する施設とすべきであるから、日本国憲法第二〇条第三項及び第八九条のいわゆる政教分離原則に関する規定の趣旨に反することのないよう、宗教性を排除したものでなければならない」。

これと関連して、「追悼」の意味についても報告書は注意している。「この施設における追悼は、それ自体非常に重いものであるが、平和祈念《きねん》と不可分一体のものであり、それのみが独立した目的ではない以上、「死没者を悼み、死没者に思いを巡らせる」という性格のものであって、**宗教施設のように対象者を「祀る」、「慰霊する」又は「鎮魂する」という性格のものではない**」。

報告書はこうして、靖国神社との違いを明確にしているように見える。たしかに「無宗教」の施設であれば、宗教法人であり神社である靖国とは異なる。

しかし、それならここに首相や天皇が行って「追悼」式を行なった場合、無条件に政教分離が成り立つかと言えば、そうではない。「各自がこの施設で自由な立場から、それぞれ望む形式で追悼・平和祈念を行うこと」になる以上、問題はその「追悼・平和祈念」の形式がどんなものかに移行する。首相や天皇が参加する儀式の形式が、特定の宗教に結びつくものであれば、再びそこで政教分離問題が提起されざるをえない。

†不戦と平和の施設?

ともあれ、仮に、この問題はクリアーされたとしてみよう。

では、そもそも、なぜ新たな国立追悼施設が必要なのか。報告書はこう述べている。

言うまでもなく、明治維新以降日本の係わった対外紛争（戦争・事変）（以下、「戦争」と略称）における死没者は極めて多数に上る。特に、苛烈を極めた先の大戦では、幾多《いくた》の尊い生命が失われただけでなく、一命をとりとめた者にも、生涯癒すことのできない深い傷跡と後遺症を残し、今なお数多くの人々に深い苦しみと悲しみを与えている。

　また、戦後、日本は、日本国憲法に基づき、政府の行為によって再び戦争の惨禍が起こることのないようにすることを決意し、日本と世界の恒久平和を希求するようになったが、その後も日本の平和と独立を守り国の安全を保つための活動や日本の係わる国際平和のための活動における死没者が少数ながら出ている。

　私たちは、このような事実を決して忘れてはならず、日本の平和の陰には数多くの尊い命があることを常に心し、日本と世界の平和の実現のためにこれを後世に継承していかなければならない。

　先の大戦による悲惨な体験を経て今日に至った日本として、積極的に平和を求めるために行わなければならないことは、まずもって、過去の歴史から学んだ教訓を礎として、これらすべての死没者を追悼し、戦争の惨禍に深く思いを致し、不戦の誓いを新たにした上で平和を祈念することである。

　これゆえ、追悼と平和祈念を両者不可分一体のものと考え、そのための象徴的施設を国家として正式につくる意味があるのである。

新たな施設は「日本国憲法に基づき、政府の行為によって再び戦争の惨禍が起こることのないようにすることを決意し、日本と世界の恒久平和を希求するようになった」日本で「追悼と平和祈念を両者不可分一体のものと」考える施設で、「戦争の惨禍に深く思いを致し、**不戦の誓いを新たにした上で平和を祈念する**」施設である、と言われている。とすれば、これは戦死者を顕彰し、国民を新たな戦争に動員する役割を果たした靖国神社とは根本的に異なる、「不戦」「平和」のための施設だ、と考える人がいても不思議ではない。

報告書は、靖国神社との違いをさらに明確にしている。この施設の「追悼の対象」は、靖国神社の「祭神」のように限定されてはいないのだ。

追悼の対象は、国のために戦死した将兵に限られない。空襲はもちろん、戦争に起因する様々な困難によって沢山の民間人が命を失った。これらの中には既存の慰霊施設による慰霊の対象になっていない人も数多い。

さらに、戦争の惨禍に思いを致すという点では、理由のいかんを問わず過去に日本の起こした戦争のために命を失った外国の将兵や民間人も、日本人と区別するいわれはない。

靖国神社の「祭神」からは、一般民間人と外国人の戦死者は排除されている（明治維新前後の内戦における「賊軍」の戦死者も排除されている)。ところが新たな追悼施設においては、「明治維新以降日本の係わった対外紛争」における「すべての死没者」が追悼対象に含まれる。外国人も**「日本人と区別するいわれはない」**と言い切っている。この点でも靖国神社と異なり、軍事主義と自国中心主義(「偏狭なナショナリズム」)を免れた「開かれた」追悼施設だ、ということになるだろう。

†欠けている歴史認識

さて、そうだとすれば、この施設に問題はないのだろうか。この施設を建設し、靖国神社ではなくこの施設を「わが国における戦没者追悼の中心的施設」とすれば、「靖国問題」は解決されるのだろうか。

そうは思えない。

まず、あの「A級戦犯」問題はどうなるのだろうか。この点について、追悼懇報告書は曖昧にしている。おそらくは意図的に。

報告書によれば、この施設における追悼は「死没者一般がその対象になり得るというにとどまり、それ以上に具体的な個々の人間が追悼対象に含まれているか否かを問う性格のものではない。祈る人が、例えば亡くなった親族や友人を悼むことを通じて戦争の惨禍に思いを馳せ、不戦の誓いを新たにし、平和を祈る場としての施設を考えているのである」。

つまり、「A級戦犯」一四人といった「具体的な個々の人間が追悼対象に含まれているか否か」については、明確にできない。ただ、「A級戦犯」の親族や友人が「祈る人」として、「「A級戦犯として」亡くなった親族や友人を悼むことを通じて戦争の惨禍に思いを馳せ、不戦の誓いを新たにし、平和を祈る」ことは、当然許されるということであろう。

このような措置によって、「A級戦犯」問題は、中国や韓国との間では解消されるかもしれない。中国政府や韓国政府は、これまでのところ、「靖国問題」の解決策として、新たな国立追悼施設の建設案に好意的である。新たな施設が追悼対象を「神」として祀ったり、「護国の英霊」として顕彰したりするのでなければ、そこに「A級戦犯」が含まれているかどうかの曖昧さを不問に付して、「政治決着」する可能性はある。毎年八月一五日に政府主催で行なわれている「全国戦没者追悼式」の追悼対象には、「A級戦犯」一四人も含まれているが、この場合に中国や韓国から批判がないのも、「日本軍国主義の象徴」靖国神社における「祭神」の扱いとは区別されている、と考えられる。

だが、第二章で少しく論じたように、「A級戦犯」問題の「政治決着」は、より本質的な歴史認識の問題を解決しない。「A級戦犯」問題に関する曖昧さ以上に、この歴史認識問題に関する曖昧さにこそ、追悼懇報告書の大きな問題がある。靖国神社はいまなお、かつての日本の戦争と植民地支配がすべて正しかったという歴史観に立っている。さすがに追悼懇報告書はそのようには言っていないが、この点に関しても**完全に曖昧にしている**。そしてそのことに対して、次のような弁明を用意している。「注意すべきは、日本は、民主主義国家として当然ではあるが、国家として歴史や過去についての解釈を一義的に定めることはしない。むしろ国民による多様な解釈の可能性を保障する責務を持つ」。「民主主義」を口実として、歴史認識を問われる国家としての責任から逃走している、と言わざるをえない。ナチズムの過去を誤りとするスタンスを公的に確立したドイツ連邦共和国は、「民主主義国家」とは言えないというのだろうか。新たな追悼施設は、「すべての死没者を追悼し、戦争の惨禍に深く思いを致し、不戦の誓いを新たにした上で平和を祈念する」ものではあっても、そこには侵略戦争と植民地支配に対する一片の反省も刻まれない。これでは、小泉首相が最初の靖国神社参拝時に出した「談話」にもあった、次のような歴史認識さえないことになる。

二十一世紀の初頭にあって先の大戦を回顧するとき、私は、粛然たる思いがこみ上げてくるのを抑えることができません。この大戦で、日本は、わが国民を含め世界の多くの人々に対して、大きな惨禍をもたらしました。とりわけ、アジア近隣諸国に対しては、過去の一時期、誤った国策にもとづく植民地支配と侵略を行い、計り知れぬ惨害と苦痛を強いたのです。それはいまだに、この地の多くの人々の間に、癒しがたい傷となって残っています。

私はここに、こうしたわが国の悔恨の歴史を虚心に受け止め、戦争犠牲者の方々すべてに対し、深い反省とともに、謹んで哀悼の意を捧げたいと思います。

日本の植民地支配と侵略による「癒しがたい傷」が「アジア近隣諸国」の人々に「いまだに」「残っている」と語りながら、みずからの靖国神社参拝によって、その「癒しがたい傷」に塩を塗るようなことをするのは矛盾している。とはいえ、「アジア近隣諸国に対しては、過去の一時期、誤った国策にもとづく植民地支配と侵略を行い、計り知れぬ惨害と苦痛を強いた」という歴史認識は誤ってはいない。この表現は、一九九五年八月一五日、「戦後五〇年」にあたって出された「村山首相談話」の次の一節に基づく。

わが国は、遠くない過去の一時期、国策を誤り、戦争への道を歩んで国民を存亡の危機に陥れ、植民地支配と侵略によって、多くの国々、とりわけアジア諸国の人々に対して多大の損害と苦痛を与えました。私は、未来に過ち無からしめんとするが故に、疑うべくもないこの歴史の事実を謙虚に受け止め、ここにあらためて痛切な反省の意を表し、心からのお詫びの気持ちを表明いたします。また、この歴史がもたらした内外すべての犠牲者に深い哀悼の念を捧げます。

これらの首相談話においては、「過去の一時期」として時期を曖昧にしてはいるものの、「植民地支配と侵略」が「誤った国策」であったと認め、それがもたらした「内外すべての犠牲者」に、「反省」とともに「哀悼」が捧げられている。ところが、追悼懇報告書では「侵略」の語も「植民地支配」の語も一度も使われておらず、**「誤った国策」**の「内外すべての**犠牲者**」は、「明治維新以降**日本の係わった**対外紛争（戦争・事変）における**死没者**」へと中性化されている。「過去の歴史から学んだ教訓を礎として」と言いながら、「過去の歴史」に対する認識がまったく不十分だと言わざるをえない。このように歴史認識を曖昧にしたまま、日本の軍人と被侵略国の戦死者をいっしょに「追悼」すれば、「加害者と被害者の同列化」（南守夫「『ノイエ・ヴァッヘ』の歴史的意味」、田中伸尚編前掲書所収）という批判を免れないであろう。

†追悼対象の資格

さらに重大なのは、この施設で追悼される「戦後」の死者の問題である。前に引用した追悼懇報告書の一節に、「戦後、日本は、日本国憲法に基づき、政府の行為によって再び戦争の惨禍が起ることのないようにすることを決意し、日本と世界の恒久平和を希求するようになったが、その後も日本の平和と独立を守り国の安全を保つための活動や日本の係わる国際平和のための活動における死没者が少数ながら出ている」とあった。新たな国立追悼施設は、「このような事実を決して忘れ」ず、戦前・戦中の死没者と合わせて「日本の平和の陰には数多くの尊い命があることを常に心し、日本と世界の平和の実現のためにこれを後世に継承して」いくためのものであった。このことは、次のように繰り返して確認されている。

この施設は、日本に近代国家が成立した明治維新以降に日本の係わった戦争における死没者、**及び戦後は、日本の平和と独立を守り国の安全を保つための活動や日本の係わる国際平和のための活動における死没者**を追悼し、戦争の惨禍に思いを致して不戦の誓いを新たにし、日本及び世界の平和を祈念するための国立の無宗教の施設である。

他方、追悼懇報告書は次のようにも言っている。

戦後について言えば、日本は日本国憲法により不戦の誓いを行っており、**日本が戦争することは理論的にはあり得ないから、**このような戦後の日本にとって、**日本の平和と独立を害したり国際平和の理念に違背する行為をした者の中に死没者が出ても、この施設における追悼対象とならないことは言うまでもない。**

これは、どういうことだろうか。

たとえば、北朝鮮（朝鮮民主主義人民共和国）の「不審船」とされる艦艇を発見した海上保安庁の巡視船が、その艦艇を追跡し、威嚇射撃を行なったところ反撃されたのでさらに銃撃したところ、「不審船」は沈没してその乗務員は全員死亡した。このような場合、海上保安庁の活動は「日本の平和と独立を守り国の安全を保つための活動」となり、死者が出れば当然、追悼の対象になる。しかし、死亡した「不審船」乗務員は、「日本の平和と独立を害した」行為をした者となり、追悼の対象から排除される。

あるいはまた、イラクで多国籍軍の一員として活動している自衛隊が武装ゲリラと交戦状態になり、双方に死者が出たとする。この場合、自衛隊員の死者は「日本の係わる国際平和のための活動における死没者」となり、当然、追悼の対象になる。しかし、イラクの武装ゲリラの死者は、「国際平和の理念に違背する行為をした者」となり、追悼の対象から排除される。

これを一般化すれば、次のようになる。「戦後」においては、

①日本の自衛隊（や海上保安庁）の活動は、「戦争放棄」の憲法がある以上「戦争」ではありえず、「日本の平和と独立を守り国の安全を保つための活動や日本の係わる国際平和のための活動」であるから、つねに正しい。

②日本の自衛隊（や海上保安庁）に敵対する活動は、「日本の平和と独立を害したり国際平和の理念に違背する行為」であるから、つねに不正だ。

③したがって、日本の自衛隊（や海上保安庁）の死没者は追悼の対象となるが、日本の自衛隊（や海上保安庁）に敵対した死没者は追悼の対象から排除される。

驚くべき事態である。「過去に日本が起こした戦争」については、日本人の死没者も外国人の死没者も区別なく追悼対象にする新たな追悼施設は、「戦後」の武力行使については、**日本人の死没者だけを追悼対象にする**のであって、**外国人の死没者は追悼対象から排**

除される。なぜなら、**日本人の死没者は、**「日本の平和と独立を守り国の安全を保つため」であったり、「日本の係わる国際平和のため」であったり、**正しい武力行使の死没者**であるが、**外国人の死没者は、**「日本の平和と独立を害したり国際平和の理念に違背する」**正しくない武力行使の死没者**だからだ。「日本の平和と独立を守り国の安全を保つための活動」で死んだ日本人死没者、「日本の係わる国際平和のための活動」で死んだ日本人死没者への公的「哀悼」は、当然、その「尊い犠牲」に対する「感謝と敬意」に近づいていくだろう。

この論理は、「天皇の軍隊」日本軍の戦争をつねに正戦とし、その戦死者のみを顕彰した**靖国の論理と瓜二つ**ではないだろうか。

この論理が、日本国憲法の「不戦の誓い」を取り込んでいることに注意しよう。日本国憲法によって「戦争放棄」をしたのだから、戦後日本国家が「戦争することは理論的にはあり得ない」。武力行使をしても、それはあくまで「日本の平和と独立を守り国の安全を保つための活動や日本の係わる国際平和のための活動」であって、「戦争」ではない。今後、憲法第九条二項を改定して、「自衛隊の保持」や「集団的自衛権」を認め、どれだけ本格的な武力行使を行なうようになっても、それは「国際貢献」であったり、「対テロ活動」であったりするかもしれないが、「戦争」ではない。こうして「不戦の誓い」のもとで、事実上あらゆる戦争が日本国家によって正当化されていくおそれがある。

　第二章で見たように、靖国神社には**「韓国暴徒鎮圧事件」**の死没者、台湾における**「擾《じょう》乱《らん》鎮圧討伐」**の死没者、満州における**「匪《ひ》賊《ぞく》および不《ふ》逞《てい》鮮《せん》人《じん》」「討伐」**の死没者などがたびたび合祀された。日本軍のこれらの活動は当時も「戦争」ではなく、日本帝国あるいは日本の傀儡《かいらい》国家「満州国」の「平和」や「独立」や「安全」を守るための活動とされたのであり、まさに「対テロ活動」とされたのであった。また、靖国神社が「戦役事変別合祀祭神数」を発表しているように、「北清事変」「済南事変」から「満州事変」「支那事変」まで、事実上の戦争が「事変」の名で呼ばれたことは少なくなかった。「満州事変」「支那事変」は、不戦条約締結後、侵略の実態をごまかすために大戦争を「事変」と呼んだ例である。そしてこれらの「事変」はすべて、「東洋平和の確立」という当時の「国際貢献」の名目で戦われた。

　こうして見ると、「日本の平和と独立を守り国の安全を保つための活動」、「日本の係わる国際平和のための活動」、「国際貢献」、「対テロ活動」であって「戦争」ではない、などとして武力行使を正当化していくやり方は、なにも今に始まったことではない。もし新たな追悼施設が、自衛隊の「日本の平和と独立を守り国の安全を保つための活動」や、「日本の係わる国際平和のための活動」の正しさを疑わず、その日本人死没者のみを追悼しようとするのであれば、それは「第二の靖国」になってしまうのである。

新たな国立追悼施設は、「内外の人々がわだかまりなく追悼の誠を捧げる」ことができるように、靖国神社の代替物になることが期待された。たしかにそれは、施設自体を「無宗教」のものとして、過去に日本が係わったすべての戦争における死者を、日本人であると非日本人であるとにかかわらず、また、軍関係者であると一般民間人であるとにかかわらず追悼対象に含めている点で、靖国神社とは異なる。だが、それにもかかわらず、この追悼施設は「第二の靖国」とならざるをえない。それは、過去の日本の戦争に対する歴史認識が意図的に曖昧にされているからというだけではない。「戦後」については、そしてとりわけ今後将来においては、自衛隊の戦闘行為は**つねに**、日本や国際社会の平和を脅かす不正な敵への正しい武力行使となり、この活動で命を落とした日本側の死者だけが追悼対象となるという点で、明らかに「靖国の論理」が復活しているからである。しかも、ここでは「平和憲法」がアリバイとして巧みに利用され、「靖国の論理」の復活に力を貸している。戦後日本国家は「戦争放棄」をしたのだから戦争することは理論上ありえない。したがって、自衛隊の武力行使は戦争ではなく、「日本の平和と独立を守り国の安全を保つため」の活動であり、「国際平和のための活動」であって、つねに正当なのだというわけである。

これは、はたして偶然だろうか。

追悼懇メンバーは全員民間人であるが、追悼懇自体は内閣官房長官の下に設置されたものであり、この報告書自体、新たな追悼施設を国家の立場から構想したものである。国家が国家権力の発動としての武力行使――自衛隊の武力行使はこうしたものだ――の死没者を「無宗教」で「追悼」しようとしたとき、そこに靖国の論理が回帰してきてしまうのは決して偶然ではない。それは、靖国の論理が近代日本の天皇制国家に特殊な要素――とりわけ国家神道的要素――を有している反面、そうした特殊日本的な要素をすべて削ぎ落としてしまえば、そこに残るのは、軍隊を保有し、ありうべき戦争につねに準備を整えているすべての国家に共通の論理にほかならないからである。

†各国の追悼施設

靖国問題は、靖国神社の儀礼から特殊日本的要素を取り去り、それと結びついた近代日本の戦争の歴史の特殊日本的な性格を取り去ってしまえば、戦争をする国家に共通の戦没者祭祀――「追悼」と言われようと、「慰霊」と言われようと――の問題になってくる。というのは、戦争で「祖国のために死んだ」兵士たちを英雄として讃え、「感謝と敬意」を捧げ、「彼らの後に続け」と言って新たな戦争に国民を動員していくシステム――第一章で取り上げた「時事新報」の論説「戦死者の大祭典を挙行す可し」に見られたシステム――は、近代の日本国家だけの問題ではなく、むしろ近代の日本国家が西欧の国民国家から模倣したものとさえ考えられるからだ。

ドイツ生まれで英米で活躍したユダヤ系の歴史家ジョージ・モッセは、イギリス、フランス、ドイツ、イタリアなど近代西欧の国民国家すべてに共通して存在した「英霊祭祀」(worship of fallen soldiers) の歴史を論じている(ジョージ・モッセ、前掲書)。

モッセによれば、近代ヨーロッパにおける「英霊祭祀」＝「戦没者追悼」儀礼は、フランス革命戦争に始まる。市民革命によって成立したフランス共和国政府は、反革命勢力の干渉から祖国を守るための戦争に国民を動員していくために、戦没者の英霊化を進めた。それ以前の戦争は、王や封建領主の傭兵による戦争だったため「祖国のために死ぬ」という観念は弱かったが、革命によってフランスを「わが国」と意識する「国民」が成立し、その「わが国」を守る国民軍が成立すると、それまでは戦争に行くことのなかった農民や職人など一般の人々が「祖国を守る」ための防衛戦争に動員されていくことになる。

その後ナポレオンが現れて、フランスがヨーロッパを制圧すると、今度はフランスの支配に対してドイツ解放戦争が起こり、ドイツでも「祖国を守る」ために戦って死んだ兵士たちの戦没者祭祀、英霊祭祀が始まる。

こうした流れが最高潮に達したのが第一次世界大戦だった。国民国家同士がそれぞれ「祖国のために死ぬこと」を神聖化し、膨大な戦没兵士を出しながら総力戦を戦った。そして第一次大戦後、戦没者の英霊化を最大限に推し進め、新たな戦争への国民動員に巧みに利用したのがナチス・ドイツであった。第二次世界大戦では、そのナチス・ドイツがショアー（ユダヤ人大虐殺）という前代未聞の事件を引き起こし、戦後はドイツが自国の戦死者を英霊化することはとうてい許されない状況が生まれる。EU統合の進展で国民国家同士の敵対関係が薄れたこともあり、第二次大戦後のヨーロッパでは戦没者祭祀は衰退した、とモッセは指摘している。

こうして見ると、それぞれの国で宗教的背景や世俗化の度合いなどに違いはあるが、そうした各国の特殊性を削ぎ落としてみれば、ここにあるのは、各国が自国の戦争を正戦（もしくは「聖戦」）とし、そのために死んだ自国の兵士を英雄として褒め讃え、他の国民にも後に続くことを求める「英霊祭祀」の論理そのものである。この論理は、西欧諸国と日本との間で共通しているだけではない。日本の首相の靖国神社参拝を批判する韓国や中国にも、このようなシステムは存在する。

韓国ソウルの国防省前には巨大な戦争紀念館があり、ここでは古代から現代まで外敵との戦争で斃《たお》れた人々が文字通り「護国の英霊」として顕彰されている。また、同じくソウルの顕忠院と呼ばれる国立墓地には、朝鮮戦争における韓国軍の多数の戦死者が、対日義兵闘争の死者や上海臨時政府の死者らとともに葬られているが、この墓地の慰霊の語りも「護国の英霊」への顕彰に貫かれている。中国であれば、北京郊外の盧溝橋《ろこうきょう》に抗日戦争紀念館があり、遼寧省瀋陽には九・一八事変（＝「満州事変」）紀念館があり、そうした代表的な抗日戦争紀念館ではどこでも、祖国防衛のために日本軍と戦った「愛国烈士」たちの顕彰展示が行なわれている。たしかに、靖国神社が正当化している侵略戦争と、中国の抗日戦争や韓国の義兵闘争のような防衛戦争とでは、戦争の性格が異なる。戦争の性格の相違は、それぞれの施設の特殊性をなす要素のひとつとなっている。しかし、戦没者追悼と英霊祭祀のシステムに注目すれば、侵略戦争よりも自衛戦争を記念する場合のほうが、「祖国のために死んだ」兵士を讃えようというベクトルは強まるであろう。

†古代ギリシアの葬送演説

モッセの議論では、戦没者追悼と英霊祭祀のシステムはフランス革命戦争に端を発することになっているが、決してそうではないだろう。

ポーランド生まれのユダヤ系の歴史家エルンスト・カントロヴィッチは、「祖国のために死ぬこと」という論文で、この観念とそれに基づく英霊祭祀の歴史を、古代ギリシャ・

ローマから説き起こしている（エルンスト・カントロヴィッチ『祖国のために死ぬこと』甚野尚志訳、みすず書房、一九九三年）。「祖国のために死ぬこと」の原語は Pro Patria Mori というラテン語で、ローマの詩人ホラティウスから取られている。第一次世界大戦時のフランスで盛んに使われたナショナリズムの標語 mourir pour la patrie は、このラテン語表現の完全な対応物である。

カントロヴィッチによると、祖国のために死んだ人を神聖化して顕彰することは、近代とは国家のあり方がまったく異なっていた古代ギリシャ・ローマでも盛んに行なわれていた。それがいったん衰退するのは、第一にキリスト教という国家を超える宗教が入ってきたからであり、第二に封建制のもとで主人と臣下の封建的主従関係が中心になっていたからである。

ところが、すでに一二、一三世紀ごろからヨーロッパにおいて、王権のもとで「祖国のために死ぬこと」を神聖化する考え方が復活してくる。いずれそれは近代国民国家の時代に、戦争イデオロギーとして最大限の力を振るうのだが、もともとは西欧においてははるかに古くまでさかのぼる考え方だったというわけである。

古代ギリシャ最大のポリス、アテーナイにおける戦没者追悼、英霊祭祀の例としては、ペロポネソス戦争開戦後のペリクレスの葬送演説にまず指を屈するだろう。以下に、歴史家トゥキュディデースが『戦死』に書きとめた演説文の一部を見てみよう（『世界の名著』第五巻、中央公論社、久保正彰訳）。

かつてこの壇に立った弔辞者の多くは、この讃辞を霊前のしきたりとして定めた古人を称えている。**戦いの野に生命を埋めた強者らには、讃辞こそふさわしい**、と考えたためであろう。しかし思うに、行為によって勇者たりえた人々の栄誉は、また行為によって顕示されれば充分ではないか。なればこそ今、諸君の目前でおこなわれたように、**この墓が国の手でしつらえられた**のである。

［中略］

われらは遠き祖先に与うべき讃辞を惜しまない、だがそれにもまさる高い讃辞をわれらの父にささげねばならぬ。われらの父は古き領土に加えて、営々辛苦して今日の支配圏を獲得し、これを今日のわれらに残していった。そしてここにいるわれら自身、今なおさかんな活動期にある者たちは、受けついだ支配をいや増しに押し広げ、わが国の備えをあらゆる面で充実させ、和戦のいずれを問わず、かつてなき完全な態勢を把握するにいたった。ここに到達するまでの戦いの道程は、われらや父たちがギリシアの内外から襲う敵勢を勇敢に撃退し、かの戦いにはこの地を、この戦いにはかの地を得たという一々の手柄話に伝えられて、諸君はすでに熟知のこと、ながながとこれをくり述べることを省きたい。

こうしてこの市民たちは、われらの国の名にふさわしい勇士となった。……そしてその偉大さに心をうたれるたびに、胸につよく嚙みしめてもらいたい、かつて果敢にもおのれの義務をつらぬいて廉恥の行ないを潔くした勇士らがこの大をなしたのである、と。**かれらは身は戦いの巷に倒れようとも、おのが勇徳を国のために惜しむべきではないとして、市民がささげうる最美の寄進をさしのべた**のである、と。

なぜならば、**かれらは公の理想のためにおのが生命をささげて、おのが名には不朽の賞讃を克ちえたるのみか、衆目にしるき墓地に骨をうずめた。**いま安らぎを与えているこの土ばかりがかれらの骨を収めているのではない。かれらの英名は末ながく、わが国に思いをいたすものの言葉にも行ないにも、おりあるたびに語り伝えられる。世にしるき人々にとって、大地はみなその墓というべく、その功はふるさとに刻まれた墓碑にとどまらず、遠き異郷においても生ける人々の心に碑銘よりしるき不文の碑となって生きつづけていく。

かれらの英名をもし諸君が凌がんと望むなら、幸福たらんとすれば自由を、自由たらんとすれば勇者たるの道あるのみと悟って、**戦いの危険にたじろいではならぬ。真に生命をも軽しとする人間は、**さいわいの望みを絶たれ苦悩にあえぐものの中にはいないはず、いな、運命の逆転を恐れるもの、逆転によって現世のしあわせが大きくゆらぐ恐れをもつ場合にのみ、人は生命の危険を忘れうる。誇りをもつ人間ならば、怯《きよう》懦《だ》のために屈辱をなめる苦しみは、祖国を信じ力のかぎり戦いながら突如生命を絶たれるよりも、はるかに耐えがたいと思うからだ。

しきたりに従いことばによって述べるべきものを、私は死者にささげた。行為によってかれらがうけるべき埋葬の礼はすでにとどこおりなくおこなわれ、かれらの子らがうけるべき養育は、この日から成年の日まで国が国費によっておこなうであろう。**この特典は、かくのごとき試練に耐えた勇士らとその子らに、国がささげる栄冠**である。

ペリクレス演説のレトリックは、戦死者が身を捧げた「公の理想」が都市国家アテーナイの「自由」と「民主政治」とされたという点を別にすれば、靖国思想のレトリックと本質的にそう違わない。「どこの国だって」（江藤淳）している戦没者祭祀があるだけだ。だから、もしも無宗教の国立追悼施設が建設され、そこで「日本の平和と独立を守り国の安全を保つため」および「国際平和のため」の活動に従事して死んだ自衛隊員が「追悼」されるなら、そのレトリックはペリクレスのそれに近づいていくであろう。国家が「国のために」死んだ戦死者を「追悼」しようとするとき、**その国家が軍事力をもち、戦争や武力行使の可能性を予想する国家であるかぎり、**そこにはつねに「尊い犠牲」、「感謝と敬意」のレトリックが作動し、「追悼」は「顕彰」になっていかざるをえないのである。

歴史上、武力をもたず、戦争や武力行使を想定しなかった国家はあるだろうか。少なくとも近代国家は、常備軍を保有し、いつでも戦争や武力行使に備えていることを常態としてきた。戦後日本も例外ではなく、自衛隊という名の軍事組織を有し、戦争や武力行使に備えてきたし、いまや本格的にそれに備えようとしている。軍事力をもち、戦争や武力行使を行なう可能性のある国家は、**必ず戦没者を顕彰する儀礼装置をもち、**それによって戦死の悲哀を名誉に換え、国民を新たな戦争や武力行使に動員していく。子安宣邦はこのことを「戦う国家とは祀る国家である」と的確に表現した（子安宣邦『国家と祭祀——国家神道の現在』青土社、二〇〇四年）。付言すれば、祀る国家とは戦う国家なのである。

「追悼懇」の報告書は、皮肉なことに、福田官房長官に提出されたもののほとんど顧みられず、たなざらしになっている。現状では靖国派が政治的に圧倒しているため、近い将来この構想が実現に向けて動き出す可能性は高くない。新たな国立追悼施設の検討を指示した小泉首相自身が、仮に新追悼施設ができても靖国神社と対立するものではないから靖国参拝は続ける、と言い続けている。かくして問題は、振り出しに戻ることになる。

†個人による追悼、集団による追悼、国家による追悼

最後の問いに移ろう。

「追悼懇」報告書が提案した国立追悼施設は「第二の靖国」と化すおそれが強い。しかし、このように言ったとしても、次のような反応が返ってくるかもしれない。「追悼懇」の案はあくまで新国立追悼施設についてのひとつの案にすぎない。その提案内容が全部そのまま受け入れられないからといって、非靖国的な国立追悼施設案そのものが無効になるわけではないだろう。袋小路に入った靖国問題を解決するためには、結局のところ、誰もが「わだかまりなく」追悼できる新施設を建設するしかないではないか。それを、「第二の靖国」になりえない形で実現するしかないではないか。

「追悼懇」が発足し、その報告書が出されるのと前後して、従来から靖国神社国家護持や

首相参拝に反対してきた市民や宗教者の中からも、「非戦・平和」の意志を明確にした新国立追悼施設を建設し、靖国問題を解決すべきだという意見が出てきた。その多くは、従来の反対論が「反靖国」を「反国家」と等値し、戦没者追悼への「国」の関与を全面否定する傾向があったとして、それを批判する。

たとえば、キリスト者である稲垣久和は、天皇崇拝と軍国主義の象徴であった靖国神社は「戦後になって廃止されるべきであった」とし、一宗教法人となった靖国神社に対しても「国家から切り離されるべきことを繰り返し言っていく必要がある」としながら、しかし「そのことを具体化するには、「過去の戦争に限定」などの条件つきで、戦没者追悼の国立施設を、靖国神社に代わって市民の側から提案してつくる以外に方法はないであろう」と述べる（稲垣久和「公共性から新追悼施設を考える」前掲書『戦争と追悼――靖国問題への提言』所収）。そして、「政府」の新追悼施設建設案に対して、靖国推進側から反対意見が出たことは「当然」だとしても、「自由主義者」や「靖国神社国家護持反対側の仏教徒やキリスト教徒」から反対意見が出たことに「驚いた」と言う。

新国立追悼施設に反対する自由主義者やキリスト者、仏教者は、「靖国的民族主義」への「反動」が強すぎて、「個人主義の立場に追い込まれて」しまい、死者の追悼は「個人の問題」だと思い込んでしまっている、と稲垣は言う。そういう人々は、

「個人または自分の教会・教団が追悼していればよい」として、追悼を必要と思っている他思想・他イデオロギーに生きる日本内外の「他者」と共に、日本の過去の戦争という「悲しみ」を共有しようとしない。過去の戦争という行為は国家が行ったものであり、国にその責任を取らせ、将来の平和を創造していこうとの意志を示す場が必要ではないか、と私は思うのである。それは日本「国家」への固執ではなく、国家を外に向けて開き、他国（他者）との協力を促すことなのである。

そして稲垣は、「福祉装置としての国家」観を提唱し、その立場から「国立追悼・平和祈念施設」を位置づけていくべきだと言う。

むしろ市民の側からこれを積極的に提案し、国家は土地と維持管理費とを「国民の福祉」として提供すべきである。それが国家の戦争責任の表明ともなるはずだ。そのためには現代国家を、たんにトップダウン（上から下へ）の一元的な「主権権力国家」（権力装置）として見る発想から、多元的な領域主権の分散した市民のボトムアップ（下から上へ）の「福祉増進の機構」（福祉装置）と見る発想への転換が必要なのである。なぜならわれわれが国家《コモンウエルス》を社会契約によってつくっているのであり、それゆえに税金をおさめているのだから。

国立追悼・平和祈念施設問題を考えるとき、それを過去の戦争を憶え、将来の戦争を廃絶するという意欲をもって、国家をボトムアップな「国民の福祉」の装置として市民がつくり上げていくためのプロセスの中に、位置づけていくべきではないか。［中略］もし国家を権力装置としてのみ見るならば、冒頭の靖国反対の市民運動は自由主義的な個人主義に近い立場に終始して、代案を出すこともなく、国家為政者に影響を与えることもなく終わってしまうであろう。

稲垣は新国立追悼施設を、「過去の戦争」について「国にその責任を取らせ」ようとする意志と、「将来の戦争を廃絶するという意欲」をもって推進すべきだと言う。日本の「過去の戦争」に対する評価を曖昧にし、「将来」の死没者をも追悼対象に想定した「追悼懇」の案とは、その意味で異なっている。さらに稲垣は、新たな施設が「国に殉じた戦没者の顕彰といった、ナショナリズムの喚起、愛国心の高揚に利用されてしまう危険性はないのか」と問いかけ、「その危険性を十分に自覚した上で」事を進めるべきだ、と言う。しかし、それにもかかわらず私は、このような議論に賛成できない。

私は、追悼や哀悼について必ずしも「個人主義」の立場をとるものではない。追悼や哀悼の行為は、ごく個人的な営みでもありうるし、家族や親族による営みでもありうる。家族や親族による慰霊行為はすでに集団的なものであり、これらを否定すべき理由は見当たらない。この場合、故人の生命が失われたことに対して、家族や親族のあいだで悲しみが一定程度「共有」されるのである。そうだとすれば、死者が多数にのぼり当該集団に大きな影響を与えた事件や災害、紛争や戦争などの後に、地域社会、学校、会社、民族、国家などによる集団的追悼行為——それは普通、何らかの儀礼の形式をとる——が行なわれることは、決して不思議なことではない。

集団的な追悼や哀悼の行為が、それ自体として「悪いこと」だとは私は思わない。しかし問題は、追悼や哀悼が個人を超えて集団的になっていけばいくほど、それが「政治性」を帯びてくるのは避けられないという事実である。この「政治性」は、集団が国家となり、追悼や哀悼が国家的追悼や国家的哀悼となったとき、ある重大な意味をもち始める。なぜなら、軍隊を備えた国家は現代世界においても依然としてもっとも重要な戦争遂行主体であり、戦争ができる集団としての国家が戦死者の「追悼」をするとき、その「追悼」が「国のために」死んだ兵士に「感謝と敬意」を捧げ、彼らを国民の模範へと高めることによって、新たな戦争へ国民を準備していく顕彰行為となることは必然だと言わなければならないからだ。

このような観点から見て、「国立追悼施設」が新たな戦死者の受け皿にならない必要条件とは何か。それは、この施設における「追悼」が決して「顕彰」とならず、国家がその「追悼」を新たな戦争につなげていく回路が完全に絶たれていることである。具体的に言えば、**国家が「不戦の誓い」を現実化して、戦争に備える軍事力を実質的に廃棄すること**である。また、「不戦の誓い」が説得力をもつためには、**「過去の戦争」についての国家責任をきちんと果たすこと**が必要である。

†「戦争を否定する」施設のために

日本の場合、政府が戦争責任をきちんと果たし、日本国憲法第九条が遵守されれば、この条件は満たされる。しかし、現状ではまったくそうなっていないばかりか、この条件からますます遠ざかっているようにすら見える。

日本が過去に行なった戦争について「国にその責任を取らせ」る必要がある、と稲垣は言う。その通りだと思う。しかし私たちは、まだそのことに成功していない。日本の国家は、敗戦後半世紀以上を経ても、戦争責任の明確な認知に基づく歴史認識を確立しておらず、一九九〇年代以降に提起された戦後補償問題にも一貫して消極的な態度をとった（拙著『戦後責任論』講談社学術文庫を参照)。治安維持法による弾圧被害者——稲垣は「良心的抵抗者」の存在に言及している——の名誉回復もなされておらず、首相が繰り返す靖国神社参拝そのものが、内外から日本政府の戦争責任認識への疑いを招いている。日本政府が国立追悼施設に土地と維持管理費を「国民の福祉」として提供することが、「国家の戦争責任の表明にもなる」と稲垣は言うが、右にその一端を挙げた本質的な諸問題をさておいて、このようなことが「戦争責任の表明」となるはずもない。

憲法九条に従えば、日本は本来、国立追悼施設ができたとしても、それが新たな戦争の死者の受け皿になりえない国になるはずであった。しかし、現実には世界有数の軍事力である自衛隊が存在し、日米安保条約のもとで世界最強の米軍の同盟軍となっており、イラクで多国籍軍に参加するまでになっている。憲法九条はますます空洞化しつつあり、海外派兵恒久法や九条自体の改定が政治的アジェンダとなりつつある。「専守防衛」や「非核三原則」など自衛隊合憲論のもとでも取られてきた抑制的安全保障政策が放棄されようともしている。稲垣は「非戦の意志を確認」し、「将来の戦争を廃絶するという意欲をもって」新追悼施設を考えるというが、現実はますますそれに逆行している。「追悼懇」の結論が歴史認識を曖昧にしただけでなく、事実上の新たな戦死者——「戦争」を前提にできないので「死没者」と呼ばれている——を想定しているのは、決して偶然ではない。靖国神社に代わる新たな国立追悼施設建設を政府が検討しようとしたのも、稲垣やその他一部の人々が望むような「非戦の意志」からではなく、逆に、右に挙げたような流れのなかで自衛隊から新たな「戦死者」が出る事態を予想するからであっただろう。

一九九九年八月一五日――同年五月に公布された周辺事態法＝「周辺事態に際して**我が国の平和及び安全を確保するための措置**に関する法律」が施行される一〇日前――に、梶山静六内閣官房長官（当時）はこう述べていた。

国のために殉じた人々に、国民すべてが敬意を表す場所のない状態が続いている。**日本という国のために命をなげうった人々に、国民がそろって永久の祈りをささげる場所を作る。**これが靖国問題の原点だと考える。［中略］

国のために命をなげうった人々に敬意を表するというと、いかにも「戦後の総決算」としての面だけを取り上げる論調があるが、私はそうは思わない。カンボジアでのPKO（国連平和維持活動）で殉職された高田晴行警視や、ペルーの日本大使公邸事件で亡くなったペルーの軍関係者も、日本や日本人のために命を落とされた。**日本の国際的役割が広がる中で、こうした人々はまだまだ出てくるかもしれない。**

（朝日新聞、一九九九年八月一五日）

政府の側から新たな国立追悼施設建設構想が出てくる可能性は、すでにここに示唆されていた。それははっきりと、今後、自衛隊から、「追悼懇」報告書にいう「日本の平和と独立を守り国の安全を保つための活動や日本の係わる国際平和のための活動における死没者」が生じることを射程に入れていたのである。

　私がいま問題にしているのは、稲垣の言葉で言えば「戦争責任」と「非戦の意志」を明示するような国立追悼施設、そしてそのために追悼対象を「過去に限定」するような国立追悼施設をつくろうという意見である。しかし、このようにしてつくられる国立追悼施設が「第二の靖国」にならないための必要条件は、現在の日本では満たされていない。日本国家が戦争責任の遂行を拒み続け、憲法九条の「不戦の誓い」を反故《ほご》にしつつある現状にあって、国立追悼施設建設案に与することはきわめて危ういと言わざるをえない。

　このような日本国家の現状を無視できないからだろうか、この意見に立つ人々は、現状を変えるためにも、「非戦の意志」と「戦争責任」を明示する国立追悼施設の建設が必要だと主張する。稲垣は、国立追悼施設問題を、「過去の戦争を憶え、将来の戦争を廃絶するという意欲をもって、**国家をボトムアップな「国民の福祉」の装置として市民がつくり上げていくためのプロセスの中に、位置づけていくべき**」だと言う。また、ドイツの国立中央戦争犠牲者追悼所「ノイエ・ヴァッヘ」をモデルとして、日本でも「反戦・平和」の国立追悼施設をつくるべきだという南守夫は、こう述べている。

近代の「国民国家はつねに潜在的な戦争状態にある国家」（西川長夫）だったとすれば、戦争を否定する日本国憲法にはそのような国民国家を越える契機がすでに孕まれていると言うべきである。それをどのように実質化していくのか、が改めて問われている。終局的に国家の行為としての戦争による死者の追悼そのものを必要としない状況を遠くに望みながら、我々は国民国家の枠内に当分は存在しなければならないことを自覚し、国民国家の観念的な飛び越えではなく、**国民国家を反戦平和主義の方向で変容させてゆくという一段階を踏まなければならない**。国家のあり方を変革しようとする試みにも「国家に回収される」回路が用意されていることを自覚しつつ、靖国神社的な国粋主義的排外主義の戦争観を否定し、**反戦・平和主義の立場を明確にした国立追悼施設の建設はそのための一つの必要なステップとなるだろう**。

（南守夫、前掲論文）

「戦争を否定する日本国憲法」が「つねに潜在的な戦争状態にある国家」を越える契機を

孕んでいる、という認識を私も共有する。「国民国家を反戦平和主義の方向で変容させてゆく」必要がある、という点でも認識は一致する。しかし、「反戦・平和主義の立場を明確にした国立追悼施設の建設」が「そのための一つの必要なステップ」である、との認識は共有できない。

稲垣も南も、戦争責任認識と非戦・平和主義の実行において十分でない日本国家の現状を、新たな国立追悼施設の建設によって変えようと考えている。しかし、**戦争責任認識と非戦・平和主義を明示した追悼施設の建設に日本国家が踏み切るためには、日本国家はすでに戦争責任認識と非戦・平和主義とを確立していなければならない**。ここには根本的なアポリアがある。「国民国家を反戦平和主義の方向で変容させてゆく」ために、「反戦・平和主義の立場を明確にした国立追悼施設の建設」が、その「一段階」になったり、「一つの必要なステップ」になったりすることはない。逆である。「反戦・平和主義の立場を明確にした国立追悼施設」が建設されうるためには、「国民国家」が「反戦平和主義の方向で変容させ」られなければならないのである。

稲垣の国家観にも疑問がある。現代国家を「主権権力国家」＝「権力装置としての国家」として見る見方から、「福祉増進の機構」＝「福祉装置としての国家」として見る見方への「発想の転換」が必要だ、と稲垣は主張する。「福祉装置としての国家」なら、国立追悼施設をつくっても、それが戦争やナショナリズムに利用される危険性は少ないというのだ。

しかし、まず第一に、日本国家の現状はこのような「発想の転換」を許さない。先に触れた軍事化の進展とともに、「国に殉じた戦没者の顕彰」や「ナショナリズムの喚起」や「愛国心の高揚」へ向かう、「権力装置」としての国家の「危険」な動きが強まっている。

第二に、靖国反対の市民運動は国家を「権力装置としてのみ」見ていると言うが、逆に権力装置として見ることをやめてしまえば、国家の危険性は認識できない。現代国家がどれほど「福祉装置」としての役割を強めたとしても、「権力装置」としての役割がなくなってしまうわけでもなければ、単純に弱くなってしまうわけでもない。軍事力をもち、いつでも戦争できる体制を整えている国家に関して、「権力装置」から「福祉装置」への「発想の転換」をせよ、というのは無理である。

稲垣は靖国反対派を批判して、彼らは国家を「権力装置としてのみ」見ているので「代案」も出せず、「国家為政者に影響を与える」こともなく終わってしまうと言う。そして、テッサ・モーリス゠スズキの「単一の場所で単一の日に単一の自賛的「我々」によって記念するのはやめよう」(「記憶と記念の脅迫に抗して」『世界』二〇〇一年一〇月号)という提案に対して、自分は「単一の場所はよいと考えるが、単一の日と単一の「我々」には反対する」と述べる。しかし、「単一の場所（国立追悼施設）はよいが、単一の日と単一の「我々」には反対」というのがひとつの「代案」であるなら、「単一の日と単一の「我々」だけでなく、単一の場所にも反対、戦没者追悼は多様な日に多様な場所で行なわれる多様な追悼に委ねる」というのもひとつの「代案」である。国立追悼施設が新たな戦争につながり、新たな戦死者の受け皿とならないための必要条件が満たされないかぎり、そうした施設の建設に反対し、軍事力をもつ国家が関与しない多様な追悼のあり方に委ねる、というのもひとつの「代案」であろう。靖国神社に対する「代案」を国立追悼施設だけに限る根拠はどこにもない。

†政治がそれを決める

ここまで来ると、本質的なことが見えてくる。問題は、どのような国立追悼施設をつくるかではない。「追悼懇」報告書のようなものでなくても、反戦・平和の意志と戦争責任認識を明示したものであっても、国立追悼施設が「第二の靖国」になることを防ぐものは、施設そのものではない。施設は施設にすぎない。**問題は政治である**。つまり、この「国立」追悼施設に関与する「国」が、戦争と平和との関連で施設をどのように利用するのか、あるいは利用しないのか、ということなのだ。

国立追悼施設は、どれほど明確な反戦・平和の意志と戦争責任認識を刻んでつくられたとしても、それに関与する国の政治が戦争とナショナリズムに向かうものになってしまえば、いつでも容易に「第二の靖国」となり、新たな戦争に国民を動員する役割を果たすようになる。そのことは、時代と政治によってその性格がしばしば変化した欧米諸国の追悼施設を見れば、明らかである。

たとえば、ドイツのベルリンにあるノイエ・ヴァッヘ（国立中央戦争犠牲者追悼所）。この施設は現在、ドイツ人が「自らの国が行なった戦争を誤った戦争として否定し、その死者を「英雄」としてではなく「犠牲者」として哀悼する」戦没者追悼施設として、高く評価されている（南守夫、前掲論文）。ドイツ人と非ドイツ人、軍人と民間人を問わず、ナチスの支配下で死んだすべての人々を「戦争と暴力支配の犠牲者」として追悼する碑文とともに、反戦彫刻家ケーテ・コルヴィッツの「死んだ息子を抱く母親」というブロンズ像が中央に置かれている。これが、「国家による追悼が戦争の否定に結びつく可能性をもつもの」であり、さらには「国民国家の枠組みを超える可能性を孕むもの」であると評価されているのである（前掲、南論文）。

ところが、このノイエ・ヴァッヘへの歴史自体が、問題は施設ではなく政治なのだということをはっきりと示している。ノイエ・ヴァッヘは最初、プロイセン王宮の近衛兵の詰め所であったが、ワイマール共和国時代にはプロイセン州立戦没者追悼所となり、ナチス時代には「戦争のための戦没兵士顕彰碑」となり、ドイツ民主共和国（東ドイツ）時代には「ファシズムと軍国主義の犠牲者のための警告追悼所」となり、そしてドイツ連邦共和国への再統一のさいに現在のような施設になった。その時代時代の国家の政治イデオロギーによって大きく性格を変えてきたノイエ・ヴァッへの歴史は、将来もまた、国家の政治が変われば施設の使われ方も変わりうる、ということを物語っている。ノイエ・ヴァッへにおいて「国家による追悼が戦争の否定に結びつく可能性をもつ」とは言っても、ドイツはすでにコソボ紛争にさいして海外での武力行使に踏み切っているのだ。

もう一度、確認しよう。非戦の意志と戦争責任を明示した国立追悼施設が、真に戦争との回路を絶つことができるためには、日本の場合、国家が戦争責任をきちんと果たし、憲法九条を現実化して、実質的に軍事力を廃棄する必要がある。現実はこの条件からかけ離れているため、いつこの条件が満たされるのかは見通すことが困難である。しかし、この条件からかけ離れた現実のなかで国立追悼施設の建設を進めるならば、それは容易に「第二の靖国」になりうる。したがって、国家に戦争責任を取らせ、将来の戦争の廃絶をめざすのならば、まずなすべきことは国立追悼施設の建設ではなく、この国の政治的現実そのものを変えるための努力である。

靖国神社の代替施設として、新たな国立追悼施設をつくるのではなく、既存の千鳥ケ淵戦没者墓苑を活用すべきだという意見もある。千鳥ケ淵戦没者墓苑は、一九五九年に厚生省によって建設された、れっきとした国立の戦没者追悼施設である。太平洋戦争で戦場となった各地から収集した遺骨の中から、引き取り手の見つからなかった約三五万の遺骨が納められ、欧米の「無名戦士の墓」に擬せられている。

千鳥ケ淵墓苑を靖国神社の代替施設にするなら、それはまさに「無宗教の国立追悼施設」にほかならない。神道施設ではなく「無宗教」だからといって、「第二の靖国」にならない保証はない。たしかにこの墓苑は、靖国神社の地位の低下を怖れる日本遺族会をはじめとする靖国派の圧力もあって、国立であるにもかかわらずあまり脚光を浴びてこなかった。靖国神社に批判的な仏教、キリスト教などの宗教諸派や社民党系の団体などが、毎年八月一五日前後に、それぞれの流儀で戦没者追悼式を行なってきたこともあり、靖国神社への「対抗」施設といったイメージさえ存在している。しかし、実態はかなり異なっている。

一九五九年三月二八日の竣工式には、昭和天皇・皇后が出席して「厳粛盛大な拝礼式」が行なわれた。同年にはまた、昭和天皇のいわゆる「御製」の歌碑が立てられた。「国のため　いのちささげし　人々の　ことを思えば　むねせまりくる」。本屋である六角堂の中央には、日本古代の豪族の寝棺を模したとされる陶棺があり、そこには**昭和天皇から贈られた金壺が置かれ、その中に、「大東亜戦争」の全戦没者の遺骨を象徴するとされる「象徴遺骨」が納められている**のだ。

千鳥ケ淵戦没者墓苑では各団体が思い思いに慰霊祭を行なっていることが強調されるが、たとえば二〇〇四年秋の「奉仕会」主催の秋季慰霊祭は次のようなものだった（ホームページによる）。

一〇月一八日（月）澄み渡る秋空のもと、千鳥ヶ淵戦没者墓苑奉仕会主催の一六年度秋季慰霊祭が**常陸宮同妃両殿下**をお迎えして厳粛盛大に行われた。

この日、六角堂の墓前には、殿下ご下賜の大花籠が飾られ、その両側には内閣総理大臣、衆・参議院議長、最高裁判所長官、各省庁大臣長官、各都道府県知事他各方面からの生花が立ち並び、定刻午後一時両殿下が**陸上自衛隊音楽隊の奏楽に迎えられて**ご臨場、式が開始された。

「君が代」斉唱の後、斎藤宗道先生が参道を進み、一同が見守る中、墓前に恭しく献茶を行った。続いて**瀬島会長**が立ち、式辞の中で、私ども奉仕会は今後とも墓苑奉賛の灯火を維持増進し、次の世代へと伝承いたしたく努力を続けることを墓前に報告された。石橋一歌氏が奉誦する**昭和天皇御製の吟詠**、音羽ゆりかご会の皆さんの童謡唱歌の後、**小泉内閣総理大臣の追悼の辞**を山崎官房副長官が代読、その中で将来にわたって平和を守り、二度と悲惨な戦争を起こしてはならないとの、不戦の誓いを堅持する旨が述べられていた。両殿下拝礼後、**陸海空自衛隊代表部隊の慰霊参拝**、ご来賓の献花、参列者の焼香が続き午後二時過ぎ滞りなく終了した。

これを主催する「千鳥ヶ淵戦没者墓苑奉仕会」とはどんな団体か。瀬島龍三会長の下に副会長三名のうち二名は石原慎太郎東京都知事と藤森昭一宮内庁長官。理事長と常務理事あわせて三名は、すべて**航空自衛隊および陸上自衛隊幹部**、理事にも**陸上および航空自衛隊の幹部**が並んでいる。

天皇をはじめとする皇室、三権の長、そして何よりも自衛隊幹部とのかくも密接な結びつき。当然、自衛隊各部隊もしばしば「参拝」を行なっている。こう見てみると、この施設はすでに十分に「第二の靖国」として機能していると言えるだろう。少なくとも、「第二の靖国」となる準備は十分にできている。反靖国の「対抗」施設という位置づけは甘すぎるのではないだろうか。

戦没者追悼施設というものが、いかに「第二の靖国」化されやすいかということは、沖縄の「平和の礎《いしじ》」の場合を見れば分かりやすい。

「平和の礎」は沖縄県糸満市摩文仁に建立された戦没者氏名の刻銘碑であり、一九九五年六月二三日、すなわち「戦後五〇年」の年の沖縄戦慰霊祭の日に除幕式が行なわれた。刻銘対象は主として沖縄戦の戦死者で、沖縄県出身者については「満州事変」以後に内外の戦場で死亡した全戦死者である。沖縄戦の死者については国籍にかかわりなく、また軍人軍属であるか一般住民であるかにかかわりなく、その氏名を戦死者の母語で刻銘している。二〇〇四年六月二三日現在、全刻銘者数は二三万九〇九二人、そのうち沖縄出身者は一四万八六一〇人、他の都道府県出身者は七万五九四一人、米国は一万四〇〇八人、英国八二人、韓国三四一人、朝鮮民主主義人民共和国(北朝鮮)八二人、台湾二八人となっている。

戦争の加害者側と被害者側の死者名を差別なく刻銘することが加害責任の曖昧化になるのではないかという批判が出たことは、ドイツのノイエ・ヴァッへと似ている。これに対して、「平和の礎」刻銘検討委員会座長を務めた石原昌家は、「戦争の実態・事実をありのままに記録すること」によって「戦争というものがいかに虚しいものであるかを伝えていくこと」が重要で、とくに併設された沖縄県平和祈念資料館とリンクすることによって、戦争の原因と責任の理解が同時になされうるし、なされるべきだと応じている(石原昌家「全戦没者刻銘碑「平和の礎」の本来の位置づけと変質化の動き」前掲書『国立追悼施設を考える」所収)。実際、「平和の礎」は、自国の軍人軍属のみを対象とするという「顕彰」の論理を否定し、悲惨な沖縄戦の記憶を静かだが強烈な平和のメッセージにつなげた点で、高く評価されてよい追悼施設であろう。靖国批判を踏まえた追悼施設構想がしばしば「平和の礎」をモデルとするのも理解できる。

九州・沖縄サミットにて、「平和の礎」で演説するクリントン米大統領（中央）と稲嶺県知事（右）。2000年7月21日撮映（毎日新聞社提供）

　ところが、このような「平和の礎」でさえ、「靖国化」の可能性と無縁ではありえないのだ。石原昌家は、沖縄県政の転換とともに、「慰霊の日」に行なわれる全戦没者追悼式に米軍や自衛隊の高官が軍服姿で招待されるようになったこと、「礎」前で演説したクリントン米国大統領が日米(軍事)同盟によって平和が守られているという趣旨を述べたこと、靖国参拝を繰り返す小泉首相が「平和の礎」の前で「仰々しく手を合わせるという「参拝」」を行なったこと、「礎」を訪れる日本政府首脳が平和祈念資料館を決して訪問しないことなどを挙げて、「平和の礎」の「変質化」に警告を発している（同上）。一九九九年夏に起こった新平和祈念資料館展示改竄事件も、この流れに位置づけられる。

ここに示されているのは、「平和の礎」のような施設についてさえ、**決定的なことは施設そのものではなく施設を利用する政治であること**にほかならない。戦争遂行の主体にはなりえない非国家的集団の追悼施設であっても、国家の政治（ナショナル・ポリティクス）に取り込まれ、「靖国化」することがつねにありうることを忘れてはならないのである。

おわりに

石橋湛山《たんざん》に「靖国神社廃止の儀　難《かた》きを忍んで敢《あえ》て提言す」という文章がある。敗戦直後の一九四五年一〇月、自ら主宰する『東洋経済新報』（同年一〇月一三日号）に「社論」として掲載された。

石橋湛山は戦前、保守リベラリズムの立場から言論活動を展開、植民地全放棄を主張した「一切を棄《す》つるの覚悟」や「小日本主義」、果敢な軍国主義批判で知られる。戦後は自由民主党第二代総裁となり、一九五六年一二月に首相に就任するが、病気のため翌年二月までの短命政権に終わった。

自民党総裁から首相になった人物が、敗戦後まっさきに靖国神社の「廃止」を提言していたことは、今日の政治常識からすると不思議に見えるかもしれない。しかし、だからこそこの文章は、今日再読されるに価するとも言える（小泉首相の靖国神社参拝が迫る二〇〇一年八月六日、一二五人の学者・ジャーナリストが発表した「声明・小泉純一郎総理大臣への手紙」は、「あなたの属する自由民主党の総裁で、総理大臣となった前任者のひとり、石橋湛山」

が書いたこの文章を参照せよと小泉首相に呼びかけ、参拝に反対している)。

石橋は冒頭に述べる。「記者は深く諸般の事情を考え敢てこの提議を行うことを決意した。謹《つつし》んで靖国神社を廃止し奉れと云うそれである」。

なぜ、靖国神社を「廃止」するのがよいのか。長くなるが、重要なので逐一引用したい。

> 靖国神社は、言うまでもなく明治維新以来軍国の事に従い戦没せる英霊を主なる祭神とし、其の祭典には従来陛下親しく参拝の礼を尽させ賜《たま》う程、我が国に取っては大切な神社であった。併《しか》し今や我が国は国民周知の如き状態に陥り、靖国神社の祭典も、果して将来これまでの如く儀礼を尽して営み得るや否や、疑わざるを得ざるに至った。**殊《こと》に大東亜戦争の戦没将兵を永く護国の英雄として崇敬し、其の武功を讃える事は我が国の国際的立場に於《おい》て許さるべきや否や。**のみならず大東亜戦争の戦没者中には、未だ靖国神社に祭られざる者が多数にある。之を今後従来の如くに一々調査して鄭重に祭るには、二年或は三年は日子を要し、年何回かの盛んな祭典を行わねばなるまいが、それは可能であろうか。啻《ただ》に有形的のみでなく、亦精神的武装解除をなすべしと要求する連合国が、何と之を見るであろうか。万一にも連合国から干渉を受け、祭礼を中止しなければならぬが如き事態を発生したら、却て戦没者に屈辱を与え、国家の

蒙《こうむ》る不面目と不利益とは莫大であろう。

石橋によれば、まず問題になるのは「我が国の国際的立場」である。「大東亜戦争」の戦没将兵を祭神に祭り、英霊として顕彰し続けることは、「大東亜戦争」の敗戦という事態によってもはや困難になった。そのことを石橋は、彼一流のプラグマティックな観点を滲《にじ》ませ、「国家の蒙る不面目と不利益」にも訴えながら説いている。今日、中国、韓国等から「A級戦犯」合祀《ごうし》問題で首相参拝が批判されるのも、日本の政治がいまだにこの「国際的立場」を理解しえていない表われだと言えよう。

しかし、問題は、このような国際関係上の考慮だけではない。石橋は続ける。

> 又右の如き国際的考慮は別にしても、靖国神社は存続すべきものなりや否や。前述の如く、靖国神社の主なる祭神は明治維新以来の戦没者にて、殊に其の大多数は日清、日露両戦役及び今回の大東亜戦争の従軍者である。然《しか》るに今、**其の大東亜戦争は万代に拭《ぬぐ》う能《あた》わざる汚辱の戦争として、**国家を殆《ほとん》ど亡国の危機に導き、日清、日露両戦役の戦果も亦全く一物も残さず滅失したのである。遺憾ながら其等の戦争に身命を捧げた人々に対しても、**之を祭って最早「靖国」とは称し難きに至った。**とすれば、今後

此の神社が存続する場合、後代の我が国民は如何《いか》なる感想を抱いて、其の前に立つであろう。ただ屈辱と怨恨との記念として永く陰惨の跡を留《とど》むるのではないか。若《も》しそうとすれば、之れは我が国家の将来の為めに計りて、断じて歓迎すべき事でない。

言うまでもなく我が国民は、今回の戦争が何《ど》うして斯《か》かる悲惨の結果をもたらせるかを飽まで深く掘り下げて検討し、其の経験を生かさなければならない。併しそれには何時までも怨みを此の戦争に抱くが如き心懸けでは駄目だ。そんな狭い考えでは、恐らく此の戦争に敗けた真因をも明かにするを得ず、更生日本を建設することはむずかしい。我々は茲《ここ》で全く心を新にし、**真に無武装の平和日本を実現する**と共に、引いては其の功徳を世界に及ぼすの大悲願を立てるを要する。それにはこの際国民に永く怨みを残すが如き記念物は仮令《たとい》如何に大切なものと雖《いえど》も、之れを一掃し去ることが必要であろう。記者は戦没者の遺族の心情を察し、或は戦没者の立場に於て考えても、斯かる怨みを蔵する神として祭られることは決して望む所でないと判断する。

石橋にとって、靖国神社「廃止」が望ましい最大の理由はここにある。靖国神社の祭神の多数は——今では圧倒的多数が——「大東亜戦争」の戦没将兵であるが、その「大東亜戦争」は「万代に拭う能わざる汚辱の戦争」であって、「国家を殆ど亡国の危機に導き、日清、日露両戦役の戦果も亦全く一物も残さず滅失した」。そのような戦争の戦死者を祭って「靖国」神社と称することはもはやできない。なぜなら「靖国（ヤスクニ）」とは、「国（クニ）を安（ヤス）んずる」こと、すなわち国を平和に保つことであるのだが、実際には「国を安んずる」ことができなかったからである。靖国神社は「靖国」神社ではなかった。「亡国の危機」を招き、日清・日露戦争の「戦果」をも「滅失」させてしまったのである。だから、もしもこの神社が存続するなら、「屈辱と怨恨との記念として永く陰惨の跡を留むる」だけになるだろう。

「日清、日露両戦役の戦果も亦全く一物も残さず滅失した」という表現は、朝鮮・台湾・樺太等の植民地全放棄論を持論とした石橋のものであることに留意が必要である。「小日本主義」者の石橋にとって、これは自らの主張が結果的に実現したことを意味する。

「記者は戦没者の遺族の心情を察し、或は戦没者の立場に於て考えても、斯かる怨みを蔵する神として祭られることは決して望む所でないと判断する」と石橋が言うとき、石橋自身が「戦没者の遺族」であったことも間違いなく背景にある。海軍主計中尉であった次男和彦が、一九四四年二月六日、マーシャル諸島のクウェゼリン島で戦死している。靖国神社の祭神に予定された次男の遺族が、「何時までも怨みを此の戦争に抱くが如き心懸けでは駄目だ」と言って、靖国神社の廃止を提言しているのである。

続く最後のパラグラフはこうだ。

以上に関連して、茲に一言付加して置きたいのは、既に国家が戦没者をさえも之れを祭らず、或は祭り得ない場合に於て、生者が勿論安閑として過し得るわけはないと云うことである。首相宮殿下の説かれた如く、此の戦争は国民全体の責任である。併し亦世に既に論議の存する如く、国民等しく罪ありとするも、其の中には自ずから軽《けい》重《ちょう》の差が無ければならぬ。**少なくとも満州事変以来軍官民の指導的責任の位地に居った者は、其の内心は何《ど》うあったにしても重罪人たることを免れない。**然るに其等の者が、依然政府の重要の位地を占め或は官民中に指導者顔して平然たる如き事は、仮令連合国の干渉なきも、許し難い。**靖国神社の廃止は決して単に神社の廃止に終わるべきことではない。**

「万代に拭う能わざる汚辱の戦争」という「大東亜戦争」観は、戦争責任論と対応していることが分かる。たしかにこの戦争責任論は、第二章で論じた歴史認識の観点から見れば、きわめて不十分だと言わざるをえない。「少なくとも」と断わってはいるが、問題を「満州事変以来」に限定している。東京裁判の射程と同じである。また、この「責任」は誰に対する責任なのか、それが明らかでない。「国民全体の責任」と「其の中」の「重罪人」の存在とを指摘しているが、天皇の責任が意識されている様子はない。だが、それにしても、敗戦直後のこの段階で「少なくとも満州事変以来軍官民の指導的責任の位地に居った者」の「重罪」を指摘したこと、そしてそれが靖国神社廃止論とつながっていることの意味は決して小さくない。

本書の見地からさらに注目すべきは、**「真に無武装の平和日本を実現する」**という一節である。「靖国神社廃止の儀」が出されたこの時点では、日本国憲法第九条のルーツとされるマッカーサー三原則（一九四六年二月）はもとより、日本側からも政府・野党・民間を含めて何一つ新憲法草案は出されていなかった。その意味でもこの「無武装の平和日本」論は興味深いが、ここでは靖国神社廃止論との関係が重要である。私は第五章で、国立追悼施設が「第二の靖国」化しないための必要条件として、「国」が真に戦争を放棄すること、軍事力の実質的な廃棄を挙げた。石橋の中でどこまでこの連関が意識されていたかは別として、少なくとも敗戦直後の日本に、靖国神社の廃止と「無武装」国家の実現を同時に考える思考があったことをここに確認できるのである。

石橋湛山の「靖国神社廃止」の提言は、当時の日本では顧みられることがなかった。たしかにある意味では、靖国神社は結果的に「廃止」されたとも言える。石橋が「廃止」を望んだ当時の靖国神社は「別格官幣社」であり、陸軍省・海軍省所管の国家機関であったが、「神道指令」による国家神道廃止、日本国憲法の政教分離規定の導入により、靖国神社は廃止となるか宗教法人として存続するかの選択を迫られ、後者の道を選んだ。「国立」顕彰施設としての靖国神社は法制度上は廃止されたのである。

ところが、それはあくまで法制度上の建て前でしかなかったことも否めない事実である。靖国神社と国家との癒着は戦後も陰に陽につづいた。靖国神社は戦後も「霊璽奉安祭」を繰り返し行ない、戦死者の合祀をつづけてきたが、それは厚生省が作成し靖国神社に提供する戦死者名簿に基づかなければ不可能なことだった。首相や閣僚の参拝は今日までさまざまな形でつづけられており、七〇年代までは天皇の参拝もつづけられていた。これらのことが国家の政治（ナショナル・ポリティクス）としてもたらすさまざまな効果を考えれば、「国家機関」としての靖国神社がどこまで廃止されたのかも疑問がないとは言えない。

石橋が廃止を主張した時期と違って、すでに法制度上は国家の機関ではなく一宗教法人にすぎない靖国神社を政治的に廃止することはできない。自由社会においては信教の自由は最重要の権利のひとつとして保障されなければならない。逆に、信教の自由は徹底した政教分離のもとでしか保障されえない。また、信教の自由がどんな人権侵害のアリバイになってもならない。

「靖国問題」の解決は、次のような方向で図られるべきである。

一、政教分離を徹底することによって、「国家機関」としての靖国神社を名実ともに廃止すること。首相や天皇の参拝など国家と神社の癒着を完全に絶つこと。

一、靖国神社の信教の自由を保障するのは当然であるが、合祀取り下げを求める内外の遺族の要求には靖国神社が応じること。それぞれの仕方で追悼したいという遺族の権利を、自らの信教の自由の名の下に侵害することは許されない。

この二点が本当に実現すれば、靖国神社は、そこに祀られたいと遺族が望む戦死者だけを祀る一宗教法人として存続することになるだろう。

そのうえで、

一、近代日本のすべての対外戦争を正戦であったと考える特異な歴史観（遊就館の展示がそれを表現している）は、自由な言論によって克服されるべきである。

一、「第二の靖国」の出現を防ぐには、憲法の「不戦の誓い」を担保する脱軍事化に向けた不断の努力が必要である。

あとがき

創刊されたばかりの「ちくま新書」に一冊書いてみないか、という依頼を筑摩書房編集部（当時）の井崎正敏さんが持ってこられたのは、一九九四年一〇月の或る日だった。その後、テーマが二転三転し、あたら時間ばかりが過ぎてしまう。井崎さんに代わって青山昭彦さんが来られたのが一九九八年一一月、さらに青山さんに代わって伊藤大五郎さんが来られたのが二〇〇三年一月だった。なんと私は、一〇年以上もの間、筑摩の編集者の方々にご迷惑をかけ続けたことになる。穴があったら入りたいとはこのことである。

神の恵みか、本書は今、「靖国問題」という私にとってこの間もっとも書きたかったテーマを得て、出版にこぎつけようとしている。このテーマを得てからも、なかなか執筆時間が確保できずに難儀したが、なんとかここまで辿《たど》りつくことができた。書きたいと思っていたことのおおよそは書くことができたと思う。「はじめに」でも述べたように、靖国問題はいま解決の糸口さえ見えずに泥沼化しているが、このささやかな書が少しでも議論の進展に寄与できれば幸いである。

本文中、人名の敬称は略させていただいた。

写真や資料のことでお世話になった辻子実さんには、この場を借りて御礼申し上げたい。最初に声をかけてくださった井崎さん、テーマをめぐって話し相手になってくださった青山さん、そして執筆開始から編集実務でいっしょに走ってくださった伊藤さん、三人の編集者の皆さんに心からの感謝を捧げる。

二〇〇五年三月七日

高橋哲哉

追記
第一一刷より、第二章の扉写真を差し替えた。以前の写真は、提供元の毎日新聞社によると、読者の指摘で調査した結果、「撮影場所時期等不明」であることが判明したという。

ちくま新書
532

靖国問題《やすくにもんだい》

二〇〇五年四月一〇日 第一刷発行
二〇二四年九月 五 日 第一三刷発行

著者 高橋哲哉（たかはし・てつや）

発行者 増田健史

発行所 株式会社 筑摩書房
東京都台東区蔵前二-五-三 郵便番号一一一-八七五五
電話番号〇三-五六八七-二六〇一（代表）

装幀者 間村俊一

印刷・製本 三松堂印刷 株式会社

ISBN978-4-480-06232-1 C0210